古代歷史文化研究輯刊

五 編

王明蓀 主編

第 7 冊

唐代前期（618～755）對安西四鎮的經營

曾賢熙 著

國家圖書館出版品預行編目資料

唐代前期（618～755）對安西四鎮的經營／曾賢熙 著 — 初版
— 新北市：花木蘭文化出版社，2011〔民 100〕
目 4+156 面；19×26 公分
（古代歷史文化研究輯刊 五編：第 7 冊）
ISBN：978-986-254-421-1（精裝）
1. 外交史　2. 邊疆問題　3. 唐代
618　　　　　　　　　　　　　　　　　100000577

ISBN-978-986-254-421-1

9 789862 544211

古代歷史文化研究輯刊
五 編 第七 冊　　　　　　　ISBN：978-986-254-421-1

唐代前期（618～755）對安西四鎮的經營

作　　者	曾賢熙
主　　編	王明蓀
總 編 輯	杜潔祥
印　　刷	普羅文化出版廣告事業
出　　版	花木蘭文化出版社
發 行 所	花木蘭文化出版社
發 行 人	高小娟
聯絡地址	新北市永和區中正路五九五號七樓之三
	電話：02-2923-1455／傳眞：02-2923-1452
電子信箱	sut81518@gmail.com
初　　版	2011 年 3 月
定　　價	五編 32 冊（精裝）新台幣 56,000 元

唐代前期（618～755）對安西四鎮的經營

曾賢熙　著

作者簡介

曾賢熙，中國文化大學史學研究所博士，曾任大葉工學院共同科講師、副教授、大葉工學院教務處課務組主任，現任大葉大學造形藝術學系、通識教育中心合聘副教授。撰有《唐代前期（618-755）對安西四鎮的經營》（碩士論文，1983），《唐代汴州——宣武軍節度研究》（博士論文，1991），以及在期刊、研討會發表之論文 30 餘篇。

提　要

　　李唐開國，本其關中本位政策，定都長安，欲保首都所在的關中，則必須控有河隴；欲控有河隴，則必須掌握西域的控制權。安西四鎮，古稱西域，具有隔斷羌、胡的作用。唐代前期的外患主要來自北方的突厥，與西方的吐蕃。唐為保關中，為防突厥與吐蕃合勢的威脅，則必須控有安西四鎮，故唐代前期百餘年間，所以對安西四鎮經營不輟者，原因在此。本文重在說明唐代前期的四鎮經營兼及唐代國勢盛衰的情形。全文凡六章：

　　第一章「前言」：旨在說明研究的動機、研究的方法、及預期成果。

　　第二章「四鎮的地理與人文」：凡分三節，旨在說明四鎮在地理及人文上的特殊性，及其在唐與突厥爭霸中亞時的地位。

　　第三章「唐代初期對西域的經營」：共分三節，旨在闡述唐國都之所在及其國策，以及唐朝君臣對打破東西突厥鉗形威脅的努力與成果。

　　第四章「吐蕃東突厥交侵時期唐朝的艱苦奮鬥」：凡分三節，旨在說明唐朝君臣如何在吐蕃與突厥交侵時期，繼續對四鎮的經營，並運用安西四鎮的特殊形勢對吐蕃進行反包圍。

　　第五章「安西四鎮的經營與內政外交的變化」：共分四節，指出長期的西域經營對唐朝內政上、外交上的影響。

　　第六章「結論」：對前五章的研究成果作一總結，並提出未來研究方向。

目

次

第一章 前 言 ……………………………………………… 1

第二章 四鎮的地理與人文 ………………………………… 5

　第一節 四鎮的地理 …………………………………… 5

　　一、山系水系 ……………………………………… 5

　　二、氣候與物產 ………………………………… 10

　第二節 交通路線 ……………………………………… 13

　　一、北　道 …………………………………… 14

　　二、中　道 …………………………………… 17

　　三、南　道 …………………………………… 19

　第三節 四鎮民族素習 ……………………………… 20

第三章 唐代初期（618～658）對西域的經營 …… 29

　第一節 唐代國都與西北民族的關係 …………… 29

　第二節 東突厥的侵凌與西突厥的控制西域 …… 37

　　一、東突厥的侵凌壓境 ……………………… 38

　　二、西突厥的控制西域 ……………………… 41

　　三、唐對威脅的突破策略 …………………… 45

　　四、平頡利及其善後處理 …………………… 49

第三節　天可汗時代的西域經營——初置四鎮……… 52

一、平吐谷渾——去西顧之憂…………… 52

二、滅高昌——奠西進之基…………… 54

三、滅薛延陀——北荒悉平…………… 55

四、平焉耆…………………… 57

五、滅龜茲——初置四鎮…………… 58

六、服疏勒…………………… 59

七、威于闐…………………… 59

八、平西突厥…………………… 59

第四章　吐蕃東突厥交侵時期唐朝的艱苦奮鬥……… 61

第一節　來自西南方與北方的雙重壓力………… 61

一、吐蕃的崛起……………… 61

二、東西突厥的叛亂…………… 63

第二節　吐蕃的擴張與突厥的實力封鎖……… 66

一、吐蕃的擴張……………… 66

二、東突厥的復興…………… 69

三、孤島式的四鎮經營…………… 76

第三節　開元天寶期的四鎮經營………… 84

一、突厥默啜之死與北疆…………… 84

二、唐對吐蕃的反包圍…………… 88

三、安西都護府與西突厥…………… 96

第五章　安西四鎮的經營與內政外交的變化……… 99

第一節　兵制的改變……………… 99

第二節　唐代天可汗制度與安西四鎮……… 101

第三節　降胡與蕃將……………… 105

一、降胡處置（一）——東突厥………… 105

二、降胡處置（二）——西突厥………… 106

三、重用蕃將……………… 110

第四節　西北極度發展造成的東北危機……… 112

第六章　結　論………………… 117

參考書目………………… 119

附　錄

唐代御史與相關使職探討 ………………………… 133

唐代前期州縣穀類租賦繳收程序初探 ………………… 147

附　圖

圖一：唐代前期安西四鎮關係位置圖 ………………… 6

圖二：唐代安西四鎮地形圖 ……………………………… 9

圖三：唐代西域三道交通路線圖 ………………………… 15

圖四：隋末黃河以北群雄割據圖 ………………………… 40

圖五：唐武德五年黃河以北群雄割據圖 ………………… 42

圖六：唐代前期亞洲形勢圖 ……………………………… 44

圖七：唐武德二年黃河以北群雄割據圖 ………………… 46

圖八：唐太宗平東突厥後重佈北方防線圖 ……………… 53

圖九：唐與東西突厥吐蕃關係位置圖 …………………… 64

圖十：武后中宗期北防突厥軍鎮圖 ……………………… 75

圖十一：玄宗對吐蕃進行反包圍作戰期西域形勢圖 …… 91

圖十二：唐代河湟青海地區交通與軍鎮示意圖 ………… 95

附　表

表一：西域諸國之地理與人文特性表 …………………… 22

表二：唐代初期（619～629）東突厥吐谷渾入侵表 …… 31

表三：東突厥可汗世系表 ………………………………… 35

表四：唐突厥交戰表（679～716） ……………………… 70

表五：武周後期（692～704）武將一年內西征北伐表 … 78

表六：西突厥部落寇掠表（692～703） ………………… 81

表七：開元二年～三年（714～715）默啜部屬降唐表 … 85

表八：唐與吐蕃交戰表（714～753） …………………… 89

表九：唐代蔥嶺西諸國封王表 …………………………… 102

表十：安西、北庭都護運用天可汗制度所發外兵表 …… 104

表十一：西域四都護人選表 ……………………………… 107

表十二：高宗武后時北方防禦系統表 …………………… 113

第一章　前　言

　　李唐開國，本其「關中本位政策」（陳寅恪語）定都長安。唐代初期爲保障首都所在的關中，採以攻爲守、積極進取的政策，先後滅東、西突厥，威服西域。其後吐蕃崛起，東突厥復國，予唐的西北邊疆極大的威脅。在唐代前期（西元 618～755）與外族的和戰關係中，安西四鎮——龜茲、于闐、疏勒、碎葉[註1]在戰略上、交通上，都具有舉足輕重的地位。唐得之則可以稱

〔註 1〕關於安西四鎮是哪四鎮，由於史書記載的不同，因而引出許多說法：（一）史書記載之異同：(1)《舊唐書》，卷一九八〈西戎傳〉，龜茲國云：「先是，太宗既破龜茲（貞觀二十三年），移置安西都護府於其國城，以郭孝恪爲趄護兼統于闐、疏勒、碎葉，謂之四鎮。」（鼎文版，頁 5304）；(2)《冊府元龜》，卷九六四，〈外臣部〉，〈封冊二〉云：「先是，太宗既破龜茲，移置安西都護府於其國城，以郭孝恪爲都護兼統于闐、疏勒、碎葉，謂之四鎮。」（清華書局影印，頁 11340）；(3)《新唐書》，卷二二一上〈西域傳上〉，龜茲國云：「太宗貞觀二十三年」始徙安西都護於其（龜茲）都，統于闐、碎葉、疏勒，號四鎮。」（鼎文書局，頁 6232）；(4)《資治通鑑》，卷二〇一〈唐紀十七〉，高宗咸亨元年（670）四月條云：「夏四月，吐蕃陷西域十八州，又與于闐襲龜茲、撥換城陷之。罷龜茲、于闐、焉耆、疏勒四鎮。」（宏業書局縮印本，頁 1712）；(5)《舊唐書》，卷九十三〈王孝傑傳〉：「長壽元年（692）爲武威軍總管，與左武衛大將軍阿史那忠節率眾以討吐蕃，乃克復龜茲、于闐、疏勒、碎葉四鎮而還。」（鼎文書局版，頁 2977）；(6)《資治通鑑》，卷二〇五〈唐紀二十一〉，則天后長壽元年（692）九月條：「會西州都督唐休璟請復取龜茲、于闐、疏勒、碎葉四鎮。……冬十月丙戌。大破吐蕃，復取四鎮。」（宏業書局縮印本，頁 1744）
因以上史書記載有出入，故《唐會要》，卷七十三，〈安西都護府〉條載：「蘇氏記曰：『咸亨元年四月罷四鎮，是龜茲、于闐、焉耆、疏勒；至長壽二年（當爲元年）勒，是龜茲、于闐、疏勒、碎葉，兩四鎮不同，不知何故。』」（世界書局版，頁 1326）從而引出各家說法的不同。（二）各家說法之異同：(1)

霸中亞，隔斷西突厥與吐蕃的聯合；失之，則藩籬盡撤，危及關中，故唐代前期所以積極經營西域，其原因在此。

　　清末民初，對西域考古掀起熱潮，外國學者較著名者有匈牙利斯坦因（A. Stein）；德國勒柯克（A. Von Lecog）；法國伯希和（P. Peliot）；俄人科智洛夫（P. K. Kozloff）；日人橘瑞超、大谷光瑞；英人斯文海定（Sven Hedin）等，皆有文章發表。中國方面亦自組西北科學考察團及西北史地考察團，著名學者有黃文弼、賀昌群、向達、羅振玉、王國維、勞榦等〔註2〕。此後陸續有其他學者繼續從事西域的研究，然其內容不是偏於考古發掘之敘述，即是考證文章，均無將四鎮獨立爲一特區來研究其與各國關係者，筆者不揣淺陋，試

松田壽男：碎葉鎮之置，始於顯慶三年（658），蘇定方討滅西突厥時。至天授元年（690），碎葉鎮已爲突騎施所據。開元七年（719）形式上放棄，而代以焉耆鎮。〔見松田壽男著，楊鍊譯，〈碎葉與焉耆〉，收入《西北古地研究》（台北：台灣商務印書館，民國63年10月台二版），頁18～37〕；(2)大谷勝眞：太宗時代，碎葉猶未包含在四鎮內。碎葉之列入四鎮，應在顯慶三年（658）賀魯平定後。（大谷勝眞著，周一良譯，〈安西四鎮之建置及其異同〉，《禹貢半月刊》第一卷第十一期，民國23年8月1日出版，頁15～22）；(3)章群：根據《唐六典》記載，以爲四鎮（安西、疏勒、于闐、焉耆）在顯慶三年（658）以前即已存在，顯慶三年以龜茲代安西，然而何以去焉耆而代以碎葉則無可考，蓋隨時宜有所更易。自長壽二年（當爲元年）王孝傑復四鎮，至聖曆二年（699）頃，碎葉又失，其間碎葉爲中國有者不過十年。而自其既失，事實上焉耆已代碎葉爲四鎮之一。（章群，〈唐代降胡安置考〉，《新亞學報》第一卷第一期，1955年8月1日出版，頁293～295）；(4)黃麟書：貞觀二十三年所置之四鎮爲龜茲、于闐、疏勒、碎葉。蓋雖兵力未達而影響力已達也。「自龜茲而西北，鎮碎葉；自龜茲而西，鎮疏勒；自龜茲而西南，鎮于闐，形成扇狀伸展其前進之據點……是時焉耆在安西龜茲之兵力範圍以內，同於西州，不須亟亟如上四城之置鎮。焉耆列於安西之四鎮，乃在高宗之世。」安西四鎮之始棄於永徽元年（650）與阿史那賀魯之叛有關。高宗顯慶三年（658）破賀魯，復置四鎮——龜茲、于闐、疏勒、焉耆，碎葉自應包括在內。（黃麟書，〈唐代碎葉城考〉，頁45～54，收入氏著，《邊塞研究》，香港：造陽文學社，民國68年12月出版，頁31～74）由上知諸家皆認爲四鎮之得失與唐之國力強弱、外族興衰有密切關連。關於碎葉之置鎮，大谷、松田、章氏皆認爲始於顯慶三年。獨黃麟書先生認爲始於貞觀二十三年。綜合各家說法，筆者認爲以黃說爲勝，本文之四鎮，即指龜茲、于闐、疏勒、碎葉。碎葉城，據沙畹（E. Chavannes）考證，在今中亞吹河（Chu R.）附近之 Tokmak。〔沙畹著，馮承鈞譯，《西突厥史料》（台北：台灣商務印書館，民國55年8月台一版），頁133〕在唐時，爲西突厥要地，西域北、中道的交會點，更是唐帝國爭取中亞霸權的第一站。

〔註 2〕 參見顧頡剛，《當代中國史學》（南京：勝利出版社，民國36年），頁66～71。

從此角度作綜合的研究，並兼及唐代的盛衰形勢。

　　研究邊疆史，因其多方面的雜性，咸被視爲畏途，然其關於國史者，關係多而意義大。筆者有見於此，勉力爲之，庶幾有成，貢獻棉薄而已。

　　本文寫作方式，是在唐與突厥、吐蕃之和戰關係中，顯出四鎭的重要性，及四鎭對唐代國防的作用。在方法上，敘述以外，並用許多圖、表來簡化史事，期能對唐史研究做出一些成績。

第二章　四鎮的地理與人文

第一節　四鎮的地理

　　唐代前期（西元 618～755）所謂安西四鎮，即是指龜茲、于闐、疏勒、碎葉，分布在今塔里木盆地邊緣之山麓綠州與中亞吉爾吉斯草原一帶〔註 1〕。據當時記載，四鎮形勢大體如下：龜茲，「東距京師七千里而贏，自焉耆西南步二百里，度小山，經大河二，又步七百里乃至。橫千里，縱六百。」〔註2〕于闐，「距京師九千七百里，瓜州贏四千里，并有漢戎盧、杆彌、渠勒、皮山五國故地。」〔註3〕疏勒，「距京師九千里而贏。」〔註4〕碎葉，「自龜茲贏六百里，踰小沙磧，有跋祿迦，小國也……西三百里，度石磧至凌山，……西北五百里至素葉水城（碎葉城）。」〔註5〕（參見圖一）

一、山系水系

　　塔里木盆地西依帕米爾高原，南據崑崙山脈，北傍天山山脈。盆地略成菱形，地勢西高而東低，面積達九十一萬七千方公里。

〔註 1〕關於安西四鎮問題，請參見第一章之註1；據里程的推算及沙畹（E. Chavannes）與馮承鈞先生的考證：龜茲即今新疆省庫車（Kucha）縣；于闐今新疆省和闐（Khotan）縣治；疏勒今新疆省疏附（Kashgar）縣；碎葉今俄屬中亞吹（Chu）河下游之 Tokmak。

〔註 2〕見宋祁、歐陽修，《新唐書》（台北：鼎文書局出版，民國 70 年元月三版），卷二二一上〈西域傳上〉、〈龜茲傳〉，頁 6230。

〔註 3〕見同前註引書，〈于闐傳〉，頁 6235。

〔註 4〕見同前註引書，〈疏勒傳〉，頁 6233。

〔註 5〕見同前註引書，附於〈龜茲傳〉，頁 6232～6233。

圖一：唐代前期安西四鎮關係位置圖

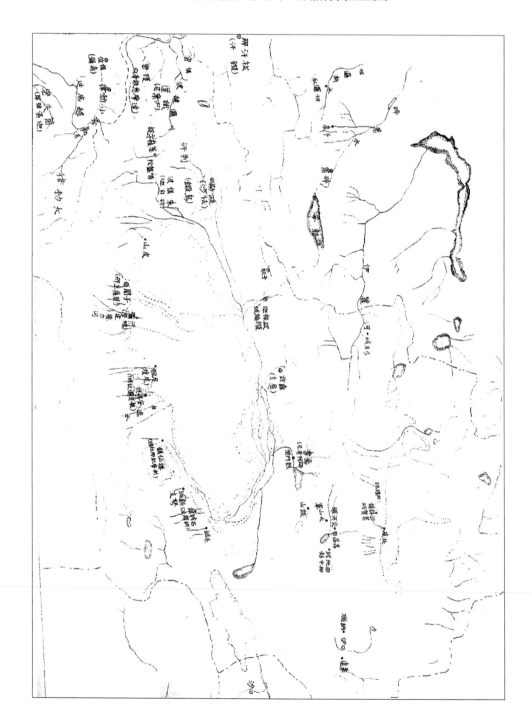

帕米爾高原北接天山，南接興都庫什山，爲塔里木河及阿姆（Amu）河兩大水系之分水嶺，海拔概在五千公尺以上，爲亞洲中部褶曲山系的會合地區，有「世界屋頂」之稱。帕米爾高度雖大，然能通過的山口並不少，就朗庫帕米爾（Rangkul Pamir）而言，統計已有三十處以上的山口，可供往來於塔里木盆地與中亞之間﹝註6﹞。因其居高屋建瓴之勢與交通要衝之區，其軍事地位至爲重要，故開元中，破喝盤陀國（今新疆省蒲犂縣），於其地置葱嶺守捉，爲安西極邊之戍。﹝註7﹞

由於帕米爾向東，爲喀喇崑崙山，綿延於塔里木盆地之南，高達五千公尺以上。印度河發源於其西，葉爾羌河及其支流發源於其北，東流爲塔里木河主幹。再向東，山脈愈高，高度達六千公尺以上。山脈至和闐分爲二支：南支主脈東南行接岡底斯山；東支主脈東行轉東北爲阿爾金山脈，再往東，山勢下降，沒入婼羌沙漠田。由婼羌至拉薩約一千二百公里，爲隋唐時代吐蕃入侵新疆之通途，亦爲現在由青海通新疆之孔道。﹝註8﹞

天山山脈聳立於塔里木盆地北緣，東西行，山脈起自帕米爾高原北緯三十六度半之烏斯伯爾，北行至喀什噶爾西，爲喀蘇拉特，爲俄屬費爾干省與中國塔里木盆地之分水嶺。山脈又北轉東行，繞伊斯色克庫爾（Issyk Kul）之東，有多條冰河，其中之汗騰格里山，爲天山山脈之主峰，高度達六千九百五十公尺。《新唐書》稱之爲凌山﹝註9﹞，《大唐大慈恩寺三藏法師傳》云：「凌山，即葱嶺北隅也，其山險峭，峻極於天。自開闢已來，冰雪所聚，積而爲凌。春夏不解，凝沍污漫，與雲連屬，仰之瞢然，莫覩其際。」﹝註10﹞亦指此山。自汗騰格里山向東，有山脈多條，圍繞於伊犁之東或北。東行集合於東經八十五度，再東行爲博克多山，東北走沒入哈密東之戈壁中。天山爲塔里木盆地及準噶爾盆地之界山，因山天之阻隔，山南山北氣候物產絕殊。山

﹝註6﹞ 參見姚大中，《古代北西中國》（台北：三民書局，民國70年5月初版），頁216。關於較詳細的交通路線可參看斯坦因（Sir Aurel Stein）著，向達譯，《斯坦因西域考古記》（台北：台灣中華書局，民國59年8月台三版），第十九章，頁203～215。

﹝註7﹞ 參見《新唐書》，卷二二一上〈西域傳上〉，頁6234。

﹝註8﹞ 參見黃文弼，〈新疆地形概述〉，《邊政公論》第一卷十一、十二期合（民國31年7月），頁18。

﹝註9﹞ 參見《新唐書》，卷二二一上〈西域傳上〉，頁6233。

﹝註10﹞ 見慧立，《大唐大慈恩寺三藏法師傳》（台北：中華佛教文化館大藏經委員會印行，民國46年10月），大藏經第九十九冊，頁227。

北氣候溫潤，多雨雪，水草豐盈；山南氣候乾燥，終年不雨，沙漠居其大半。且山北自來爲遊牧民族所居之地，常憑藉其優越的地理環境，侵入山南城郭諸國，山南諸國每爲其役屬。〔註11〕

在東部天山有數條平行的山脈。覺羅塔格山，北與巴爾庫山、博克多山之間形成哈密、吐魯番盆地爲唐代通西域的主道〔註12〕。更南有庫魯克塔格山，向東綿延於疏勒河之北，南與阿爾金山對峙，形成羅布諾爾窪地，爲漢時通西域要道，即所謂「陽關大道」。〔註13〕

在天山山脈之西，帕米爾之北，俄屬中亞有吉爾吉斯山爲吹河與錫爾河分水嶺，高度達四千公尺，其北緣山麓水草地自古爲交通要道。碎葉（今Tokmak）、千泉（在今 Tokmak 與 Talas 之間）即爲唐時西突厥建牙之所在。〔註14〕

塔里木河爲南疆第一大河，其河源有二：北源曰喀什噶爾河，源於帕米爾高原之北喀蘇拉特山；南源曰葉爾羌河，源自喀喇崑崙山，兩河平行東北行至阿克蘇南交會，北納阿克蘇河，南納和闐河東流稱塔里木河。此後東行納庫車河、孔雀河、車爾成河，注入羅布泊。〔註15〕

依斯色克庫爾（Issyk Kul）位於伊犁西南三百餘公里。唐時稱爲大清池或熱海，湖北岸爲通西域要道，《大唐西域記》云自凌山「山行四百餘里至大清池，周千餘里，東西長，南北狹。四面負山，眾流交湊色帶青黑，味兼鹹苦。洪濤浩汗，驚波汨淴。龍魚雜處，靈怪間起，……清池西北行五百餘里至素葉水城」。〔註16〕（參見圖二）

〔註11〕 同註8，頁19。

〔註12〕 其交通路線可參看《大唐大慈恩寺三藏法師傳》，頁223～226。

〔註13〕 漢西域南道之路線，可參看班固，《漢書》（台北：鼎文書局，民國65年10月再版），卷六十九上〈西域傳上〉，頁3872。南道，唐時仍爲通西域之要道，然扜彌以東，漢時故國皆已化爲廢墟。參見玄奘，《大唐西域記》（台北：台灣商務印書館，民國65年7月台二版），卷十二，頁187～188。

〔註14〕 西突厥統葉護可汗建庭於千泉；突騎施烏質勒建牙於碎葉。見劉昫，《舊唐書》（台北：鼎文書局，民國70年元月三版），卷一九四下〈突厥下〉，頁5181～5190。另參見《大唐大慈恩寺三藏法師傳》，卷二，頁227。

〔註15〕 羅布泊，斯文海定（Sven Hedin）稱之爲「飄泊的湖」，促成其遷移的因素，大約有四：（一）河流改道；（二）風沙壅塞；（三）羅布泊附近地勢平坦，湖水可任意遊行；（四）因樓蘭南遷至伊循城（今米蘭）後，北岸遂空寂無居民，因風沙之結果，河水減少，不久遂成沙漠。參見黃文弼，〈羅布淖爾水道之變遷〉，《禹貢半月刊》第五卷第二期，民國25年3月），頁87～90。

〔註16〕 見《大唐西域記》，卷一，頁8。

圖二：唐代安西四鎮地形圖

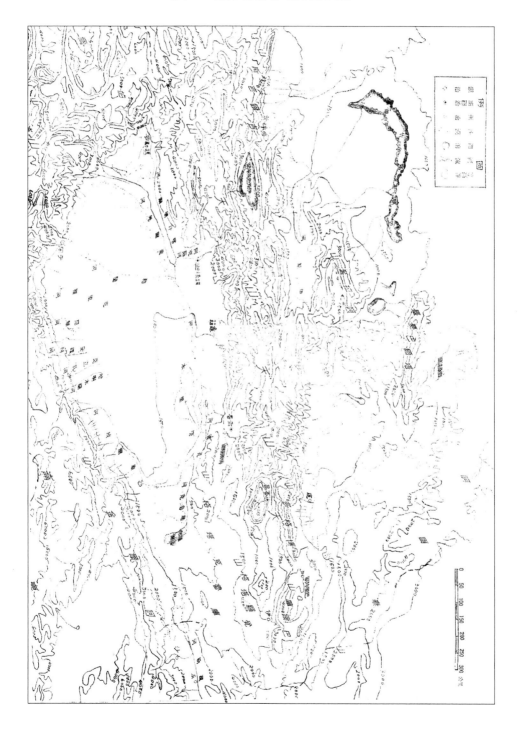

二、氣候與物產

　　中國新疆與俄屬中亞居歐亞大陸的中心位置。其幾何位置雖非決定氣候的唯一要素，大陸雨水之源為海洋；大陸中心亦即季風勢力之末梢地帶。塔里木盆地地形隔絕，因此成了沙漠氣候；北疆、俄屬吉爾吉斯草原因北面無高山隔擋，受惠於北冰洋冷氣流，成為草原氣候。〔註17〕

　　塔里木盆地內大部份是充滿了沙丘的塔克拉馬干（Taklamakan）和佈滿鹼塊的羅布沙漠。這些地方因為缺少水份，不僅人類，實際上所有的動植物都不能生存〔註18〕。盆地內多雨處每年不過七、八十公厘，最少處如婼羌，年雨量僅約五公厘，葉爾羌十二公厘，和闐也不過二十六公厘〔註19〕。吉爾吉斯山北麓，因受北冰洋冷氣流吹拂，雨量較豐，可達三百公厘，《大唐西域記》載山北之千泉云：「水土沃潤，林樹扶疏，暮春之月，雜花若綺，泉池千所，故以名焉。」〔註20〕可以證明。

　　塔里木盆地中間，人類可以長久居住的地方，只限於塔克拉馬干大沙漠和周圍大山脈之間的一小片綠洲。由於極度的乾燥，此處的墾殖，只有完全依靠溝渠以資灌溉。因為大氣中同樣缺乏水份，畜牧也嚴格的限於河畔狹窄的叢莽地帶〔註21〕。吉爾吉斯草原的可耕地也是分布在山麓或河谷上〔註22〕。塔里木盆地每個綠洲的面積都不大，最大者在疏勒附近，二千六百五十方公里；其次莎車附近，二千六百方公里〔註23〕。這大大小小，一處處的綠洲，都是人口集中，城市位置之所在。也正因為這些小綠洲被沙漠或高山阻隔，

〔註17〕溼潤的氣流沿向風坡上升，遇冷易凝結降雨，當氣流越過山嶺沿背風坡而下，因溫度上升，蒸發快，降雨量稀少。此可說明天山南北麓氣候人文之不同。關於新疆氣候可參看程純樞，〈新疆及外蒙古之氣候〉，《邊政公論》第一卷第十一、十二期合（民國31年7月），頁23～29。及劉衍淮，〈天山南路的雨水〉，《女師大學術季刊》第二卷第一期（民國20年4月），頁993～1003。

〔註18〕參見斯坦因，《西域考古記》，頁3。

〔註19〕參見《古代北西中國》，頁214。氣候雖非歷數千年而不變，但其變化幅度太小，短時間內實無法看出差異性。關於中國歷史上氣候之變遷，可參看竺可楨，〈中國近五千年來氣候變遷的初步研究〉，《考古學報》1972年第一期，頁15～38。

〔註20〕同註16。

〔註21〕同註18，頁9。

〔註22〕參見 Cole, J. P. *Geography of the U.S.S.R.*, Londonm Penguin Books, 1968 Reprinted, P.226。

〔註23〕參見王益厓，《中國地理》（台北：中正書局，民國68年8月台十八版），頁760。另外阿克蘇附近，一千六百五十方公里；和闐附近，一千六百方公里；庫車附近，一千一百七十方公里。

每個綠洲與每個城市都形成了一個國家。高昌王麴文泰聞唐太宗將伐其國，謂其國人云「唐國去此七千里，沙磧闊二千里，地無水草，冬風凍寒，夏風如焚。風之所吹，行人多死，常行百人不能得至，安能致大軍乎？若頓兵於吾城下，二十日食必盡，自然魚潰，乃接而虜之，何足憂也！」〔註24〕正是這種寫照。

　　塔里木盆地屬沙漠氣候，其特徵是夏酷暑，冬祁寒。年均溫僅達攝氏十度左右，吉爾吉斯北山麓因受北極海冷氣流影響，年均溫僅達攝氏八度左右。結冰期約長達四個月〔註25〕。廣大盆地中，地形單調，一旦風起，風勢強烈，捲沙如山倒，且四季皆然，行旅深為所苦。這種情形，唐人記載甚多。詩人對這種情形的描寫不少，今試舉數例如下：

　　岑參之〈銀山（今庫木什）磧西館〉：

　　　銀山磧口風似箭，鐵門關西月如練。雙雙愁淚沾馬毛，颯颯胡沙迸人面。……〔註26〕

　　岑參之〈北庭（今孚遠縣北濟木薩）作〉：

　　　雁塞通鹽澤，龍堆接醋溝。孤城天北畔，絕域海（今巴里坤湖）西頭。秋雪春仍下，朝風夜不休。〔註27〕

　　岑參之〈趙將軍歌〉：

　　　九月天山風似刀，城南獵馬縮寒毛。……〔註28〕

　　岑參之〈初過隴山途中呈宇文判官〉：

　　　……沙塵撲馬汗，霧露凝貂裘，……十日過沙磧，終朝風不休，馬走碎石中，四蹄皆血流。……〔註29〕

　　岑參之〈武威送劉單判官赴安西行營便（使）呈高開府〉：

　　　……曾到交河城，風土斷人腸。寒驛遠如點，邊烽互相望，赤亭

〔註24〕見劉昫，《舊唐書》，卷六十九〈侯君集傳〉，頁2510。

〔註25〕參見程純樞，〈新疆及外蒙古之氣候〉，頁27～29；及Cole, J. P. op, cit, p.264。

〔註26〕錢謙益、季振宜輯，《全唐詩稿本》（台北：聯經出版事業公司據國立中央圖書館珍藏清稿本影印，民國68年9月），第二十一冊，頁104。

〔註27〕同註26，頁190。

〔註28〕同註26，頁233。

〔註29〕同註26，頁10。另斯坦因，《西域考古記》，頁94亦載：「人同牲口在這些硬泥堤同泥溝中前進，都異常困難，駱駝的腳在這種地面上尤其困苦，足部軟掌物於破裂。所以每一次紮帳篷之後，總有幾頭可憐的牲口要受『打掌子』的痛苦。打掌子是用小片的牛皮縫在駱駝足部，以便保護傷處的。」

多飄風，鼓怒不可當。有時無人行，沙石亂飄揚。夜靜天蕭條，

鬼哭夾道旁。……〔註30〕

另《大慈恩法師傳載》玄奘渡莫賀延磧（在玉門關北及哈密南）云：

莫賀延磧長八百餘里，古曰沙河。上無飛鳥，下無走獸，復無水

草。……夜則妖魑舉火，爛若繁星；晝則驚風擁沙，散如時雨。

〔註31〕

酷暑、寒多、狂沙、荒涼，正是本區的特色。

　　氣候是影響物產的重要因素。無論是從腴壤田地的邊緣或河床旁邊叢林

帶上進入沙漠，最初經過的總是沙漠植物地帶，這些植物大部分是紅柳、野

生的白楊，以及蘆葦之類，再進入塔克拉馬干沙漠，沙丘上便只有皺縮發白，

死了已經很多年代的樹幹露在外面〔註32〕。然而進入有水灌溉的綠洲，又是

另一番景象，花木扶疏，物產豐饒。唐代史料記載當地情形是：

高昌……土沃，麥、禾皆再熟。有草名白疊，撷花可織爲布。〔註33〕

阿耆尼（焉耆）……眾流交帶，引水爲田。土宜糜黍、宿麥香棗、

蒲萄、梨、柰諸果。〔註34〕

屈支（龜茲）……宜糜麥，有粳稻，出蒲萄、石榴、多梨、柰、桃、

杏。〔註35〕

佉沙（疏勒）……多沙磧，少壤土，稼穡殷盛，蓽果繁茂。〔註36〕

瞿薩旦那（于闐）……沙磧大半，壤土隘狹，宜穀稼，多眾果。

〔註37〕

素葉水城（碎葉城）……土宜糜麥、蒲萄，林樹稀疏。〔註38〕

完全是農耕社會的寫照。

〔註30〕同註26，頁35。

〔註31〕見《大唐大慈恩寺三藏法師傳》，卷一，頁224。另可參考《新唐書》，卷一〇

八〈裴行儉傳〉，頁4086。

〔註32〕參見斯坦因，《西域考古記》，頁8～9。

〔註33〕見《新唐書》，卷二二一上〈西域傳上〉，高昌國，頁6220。

〔註34〕見《大唐西域記》，卷一，頁6。

〔註35〕同註34。

〔註36〕見《大唐西域記》，卷十二，頁181。

〔註37〕同註36，頁182。

〔註38〕見《大唐西域記》，卷一，頁8。

連綿的山麓綠洲，不但串成國際要道，亦成為遊牧民族的穀倉，與中國經營西域的補給站。因此，唐代前期的安西四鎮，是遊牧民族與農耕民族爭衡地區，其重要性正如崔融所述：

> 夫四鎮無守，胡兵必臨西域，西域震則威憺南羌，南羌連衡，河西必危。且莫賀延磧袤二千里，無水草，若北接虜，唐兵不可度而北，則伊西、北庭、安西諸蕃悉亡。〔註39〕

第二節　交通路線

唐代交通以長安、洛陽為中心向四方輻射，館驛制度相當發達。《通典》述開元時盛況云：

> 東至汴宋，西至岐州夾路，列店肆待客，酒饌豐溢。每店皆有驢賃客乘，倏忽數千里，謂之驛驢。南詣荊襄；北至太原、范陽；西至蜀川、涼府，皆有店肆以供商旅，遠適數千里，不持寸刃。〔註40〕

長安通西域道的通塞與否，對唐代國勢盛衰、軍事進退有莫大影響。出長安歷鳳翔府（今陝西鳳翔縣治）、隴（今陝西隴縣治）、秦（今甘肅天水縣治）、渭（今甘肅隴西縣西南）、臨（今甘肅臨洮縣治）、蘭（今甘肅省皋蘭縣）五州至涼州（今甘肅武威縣治）〔註41〕。涼州為通往河西走廊的第一要站，自古為中國經營西域的重鎮。《魏書‧西域傳》云：

> 涼州既平，鄯善國以為唇亡齒寒，自然之道也。今武威為魏所滅，次及我也。……後平鄯善，行人復通。〔註42〕

至盛唐，置河西節度使，統兵七萬餘〔註43〕。為西北政治〔註44〕、軍事、與

〔註39〕見《新唐書》，卷二一六上〈吐蕃上〉，頁6079。

〔註40〕見杜佑，《通典》（台北：新興書局影印發行），卷七〈食貨七〉，歷代盛衰戶口，頁41。

〔註41〕由長安西通涼州有南北二道。南道經鳳翔府、隴、秦、渭、臨、蘭五州至涼州；北道經邠、涇、原、會四州至涼州，皆置驛。南道較平坦，且沿途亦較富庶，故唐人行旅，以取南道者為多。此段路線固非本論文重點所在，故只取南道一線，北道則以註註出之。參見嚴耕望，〈唐代長安西通涼州兩道驛程考〉，《中國文化研究所學報》第四卷第一期，1971年9月，頁23～92。

〔註42〕見魏收，《魏書》（台北：鼎文書局印行，民國68年2月二版），卷一○二〈西域傳〉，頁2260。

〔註43〕參見司馬光，《資治通鑑》（台北：宏業書局縮印本，民國67年5月1日再版），卷二一五〈唐紀三十一〉，玄宗天寶元年條，頁1838。

〔註44〕參見《舊唐書》，卷四十〈地理志三〉，涼州中都督府條，頁1640。

經濟〔註45〕中心。

　　出涼州西北行經甘州（今甘肅張掖縣）、肅州（今甘肅酒泉縣）而達瓜州（今苦峪城）。瓜州與其西之沙州（今甘肅敦煌縣），自古即是通西域諸道的出發點。隋、唐時通西域分三道，而總匯於敦煌。「北道從伊吾，經蒲類海、鐵勒部，突厥可汗庭，度北流河水，至拂菻國，達於西海。其中道從高昌、焉耆、龜茲、疏勒、度葱嶺、又經鏺汗、蘇對沙那國、唐國、曹國、何國、大、小安國、穆國，至波斯，達於西海。其南道從鄯善、于闐、朱俱波、喝槃陀，度葱嶺，又經護密、吐火羅、挹怛、忛延、漕國，至北婆羅門，達於西海。……總湊敦煌，是其咽喉之地。」〔註46〕

　　然而在唐時，有「飄泊的湖」之稱的羅布泊以南移為喀喇枯順，居於南道交通咽喉的樓蘭綠洲成了沙漠。由敦煌向西的行軍和運輸須經過距離更長的沙漠地帶，困難更大〔註47〕。於是唐代通往西域的路線以北、中道為主，尤以中道為大動脈。（參見圖三）

一、北　道

（一）瓜州伊州段

　　瓜、沙兩州為唐世出西域之總樞紐。瓜、沙二州各有路通伊州（今新疆哈密縣），皆置驛。瓜伊道曰莫賀延磧道，一曰第五道；沙伊道曰矟竿道。高

〔註45〕參見《大唐大慈恩寺三藏法師傳》，卷一，頁222。載云：「涼州為河西都會，襟帶西蕃、葱右諸國，商侶往來，無有停絕。」

〔註46〕見魏徵等，《隋書》（台北：鼎文書局出版，民國68年3月二版），卷六十七〈裴矩傳〉，頁1579～1580。通西域路線並非一定不易，《漢書・西域傳》載有南北二路，即天山南麓與崑崙山北麓兩道。〔班固，《漢書》（台北：鼎文書局，民國68年2月二版），卷九十六上〈西域傳上〉，頁3871〕；《後漢書・西域傳》則已有從伊吾北通車師前部高昌壁、金滿城一道，此可稱為新北道也。〔范曄，《後漢書》（台北：鼎文書局，民國67年11月三版），卷八十八〈西域傳〉，頁2914〕；《三國志》載〈魏略西戎傳〉云：出敦煌有三道，北道西北行與西行之中道會於龜茲。〔陳壽，《三國志》（台北：鼎文書局，民國67年11月三版），卷三十〈魏書〉之〈烏丸〉、〈鮮卑〉、〈東夷傳〉，頁859〕；《魏書》記載，又分為南北兩道，自玉門渡流沙直北行二千二百里至車師為北道，不復有西行之中道矣。〔魏收，《魏書》（台北：鼎文書局，民國68年2月二版），卷一〇二〈西域傳〉，頁2261〕；隋唐時之北、中道，係從伊吾始分北、西行也。

〔註47〕參見沙學浚，〈樓蘭綠洲的存廢與漢唐經營西域的路線〉，《香港大學五十週年紀念論文集》第二冊（1966年），頁207～216。另玄奘於東歸途中，經過樓蘭時，樓蘭已成廢墟。（見《大唐西域記》，卷十二，頁188）

圖三：唐代西域三道交通路線圖

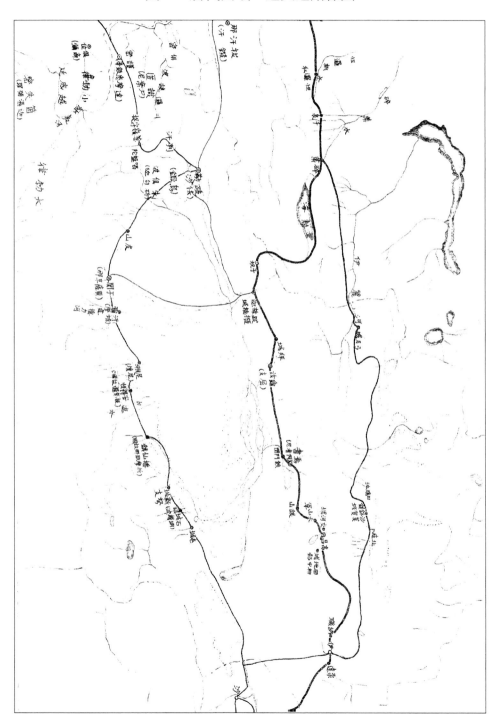

宗、武后時代，二道交替使用。然取第五道爲多。瓜伊道，由常樂縣（今甘肅安西縣西）西北行，經新井、廣顯、烏山、雙泉、第五諸驛，入莫賀延磧，又經冷泉、胡桐二驛，至赤崖驛，又兩驛至伊州。東南去瓜州九百里。〔註48〕

（二）沙州伊州段

由沙州西北行，經興胡泊、河倉城、玉門故關，折北行經鹹泉戍至稍竿館，又北至伊州，南至沙州七百里。〔註49〕

（三）伊州庭州段

由伊州北行約一百三四十里，至時羅漫山隘嶺（今庫舍圖嶺，俗稱天山頂），有貞觀十四年姜行本紀功碑。踰山而北，轉向西，經漢裴岑紀功碑（今名石人子，在鎮西縣東五十里），凡約一百七、八十里至伊吾軍（今鎮西縣）。又循時羅漫山北麓西行，至長泉（今三個泉地方？）、龍泉、百八十里有獨山守捉（今木壘河），又經蒲類（今老奇台），百六十里至北庭（今濟木薩）都護府。〔註50〕

（四）庭州輪臺段

自庭州西延城西六十里有沙鉢城守捉（今雙岔河堡西）〔註51〕，又有馮

〔註48〕 驛名見〈沙州圖經殘卷〉，收入羅振玉，《羅雪堂先生全集》（台北：文華出版公司，民國59年4月一版），三編冊六，〈敦煌石室遺書〉，頁2010～2018。並參考嚴耕望，〈唐代涼州西通安西道驛程考〉，《中央研究院歷史語言研究所集刊》第四十三本（民國60年），頁335～402。

〔註49〕 同註48，另瓜、沙州間，據〈沙州圖經殘卷〉記載則有十四驛：州城驛、清泉驛、橫澗驛、白亭驛、長亭驛、甘草驛、階亭驛、東泉驛、其頭驛、懸泉驛、魚泉驛、无窮驛、空谷驛、黃谷驛。驛分南北兩道，南道以山險而多行北道。（見〈沙州圖經殘卷〉，羅振玉，前引書，頁2010～2018；及嚴耕望，前引書，頁356）玄奘西行時亦取此道。（見《大唐大慈恩寺三藏法師傳》，卷一，頁223）近人斯坦因有考證玄奘沙州伊吾間行程的文章。參見斯坦因（Sir Aurel Stein）著，馮承鈞譯，〈玄奘沙州伊吾間之行程〉，收入馮承鈞編，《西域南海史地考證驛叢》甲集（台北：台灣商務印書館，民國61年8月台一版），頁25～38。關于庭州，可參見嶋崎昌，〈可汗浮図城考〉，《東洋學報》第四十六卷第二、三期，1963年9、12月，頁1～35、31～65。

〔註50〕 本段驛站、里程，錄自《新唐書》，卷四十〈地理四〉，伊州伊吾郡條，頁1046。因《新唐書》記載不夠詳細，故準確性不易把握。本段括弧中今地名則參考嚴耕望，〈唐代北庭都護府通西州伊州諸道考〉（香港：《中國文化研究所學報》第七卷第一期，1974年12月，頁95～110）一文之考證。另徐松，《西域水道記》（台北：文海出版社，民國55年6月初版），卷三，頁215有姜行本碑文拓本可供參考。

〔註51〕 今地名參考徐松，《西域水道記》，卷三，頁211。

洛守捉，又八十里有耶勒城守捉，又八十里有俱六城守捉，又百里至輪臺縣（今迪化稍東）。〔註52〕

（五）輪臺碎葉段

輪臺西百五十里有張堡城守捉，又渡里移得建河（疑今瑪納斯河）七十里有烏宰守捉，又渡白楊河（近於烏蘭烏蘇）七十里有清鎮軍城。又渡葉葉河七十里有葉河守捉，又渡黑水（喀喇烏蘇）七十里有黑水守捉（庫爾喀喇烏蘇），又七十里有東林守捉，又七十里有西林守捉，又經黃草泊、大漠、小磧（庫爾圖至托克多），渡石漆河（晶河），踰車嶺（額林哈畢爾噶嶺）至弓月城（今伊寧西，吉爾格浪溝），過思渾川（哈什河）、蟄失蜜城，渡伊麗河（今伊犂河）至碎葉界，又西行千里至碎葉城（Tokmak）。〔註53〕

二、中 道

（一）伊州西州段

中道由伊州始分而西行，經益都一百二十里至納職縣（今四堡），又西略北，取伊、西間之北道〔註54〕，經獨泉、東華、西華、駝泉，渡茨其水，過神泉，三百九十里至羅護守捉（舊納呼，今西鹽池）〔註55〕，又西南行經達匪、草堆，百九十里至赤亭守捉（今七克騰木）〔註56〕。又經白力城（今闢展）、柳中（今魯克沁）而達西州（阿斯塔拉）。〔註57〕

〔註52〕 本段文引自《新唐書》，卷四十〈地理四〉，北庭大都護府條，頁1047。括弧內地名參考徐松，前引書，頁233。

〔註53〕 本段文引自《新唐書》，卷四十〈地理四〉，北庭大都護府條，頁1047。括弧中地名參考徐松，前引書，頁233～242。至於弓月城位置則參考孟凡人，〈弓月城和阿力麻里城方位考〉，《中國史研究》1979年第四期（1979年12月，中國社會科學出版社），頁129～135。

〔註54〕 另有南道，行今順納湖之南，亦至赤亭鎮，與北道合。參見嚴耕望，〈唐代涼州西通安西道驛程考〉，《中央研究院歷史語言研究所集刊》第四十三本（民國60年），頁335～402。

〔註55〕 羅護守捉有支線西北行，上乏驢嶺（今烏克塔克），百二十里至赤谷（今莫家溝？）。出谷口，至長泉與北道合，西經龍泉、獨山、蒲類縣而達庭州。參見《新唐書》，卷四十〈地理四〉，伊州伊吾郡條，頁1046。並參見嚴耕望，〈唐代北庭都護府通西州伊州諸道考〉，《中國文化研究所學報》第七卷第一期（香港：1974年12月），頁95～110。

〔註56〕 以上引自《新唐書》，卷四十〈地理四〉，西州交河郡條，頁1046。

〔註57〕 以上兩地引自《大唐大慈恩寺三藏法師傳》，卷一，頁224。並參見嚴耕望，〈唐代涼州西通安西道驛程考〉，《中央研究院歷史語言研究所集刊》第四十三本

（二）西州焉耆段

由西州西南行經南平、安昌兩城〔註58〕，百二十里至天山縣（今大墩子或托克遜）。西南入谷，經礧石磧，二百二十里至銀山磧（今庫木什山），又四十里至焉耆界呂光館，又經盤石百里，有張三城守捉（今榆樹溝？）。又西南百四十五里經新城館，渡淡河，至焉耆鎮城。〔註59〕

（三）焉耆龜茲段

自焉耆西五十里過鐵門關（今關），又二十里至于術守捉城（今查爾赤地區？）。又二百里至榆林守捉（今英吉沙地區），又五十里至龍泉守捉，又五十里至東夷僻守捉（今輪臺縣西），又七十里至西夷僻守捉，又六十里至赤岸守捉，又百二十里至安西都護府（今庫車縣）。〔註60〕

（四）安西碎葉段

安西西出柘厥，渡白馬河（渡河處在庫車城西六十里和卓土拉斯莊西），百八十里西入俱毗羅磧（今赫色勒沙磧）。經苦井，百三十里至俱毗羅城（今賽喇木城）。又六十里至阿悉言城（今拜城）。又六十里至撥換城（今阿克蘇），西北渡撥換河（今阿克蘇河上流），至小石城，又二十里至于闐（祝）境之胡蘆河（今托什干河），又六十里至大石城（今烏什）。又西北三十里至粟樓烽，又四十里度拔達嶺（今 Bedel 山口），又五十里至頓多城。又三十里渡眞珠河（今錫爾河上流之 Ajak-tach 河），又西北度乏驛嶺（今 Djtym-bel 嶺），五十里渡雪海（應爲 Djtym-bel 嶺山之諸小湖），又三十里至碎卜戍，傍碎卜水五

（民國 60 年），頁 335～402。有大海道「出柳中界東南，向沙州一千三百六十里，常（當）流沙，人行迷誤，有泉井鹹苦，無草，行旅負水擔糧，履踐沙石，往來困弊。」（見〈西州圖經殘卷〉，羅振玉，前引書，頁 2063）由西州北越天山至庭州之支線有八道，其中赤亭、新開、花谷、移摩、薩捍、突波六道皆出蒲昌縣境；烏骨道出高昌縣境；他地道出交河縣境。另外，出交河縣界西北至處月以西諸蕃，有白水澗道；出天山縣界西南至焉耆有銀山道。（參見〈西州圖經殘卷〉，羅振玉，前引書，頁 2061～2065）此記載正合《隋書‧裴矩傳》所載：「凡爲三道，各有襟帶。」「其三道諸國，亦各自有路。」（魏徵等，前引書，頁 1579～1580）

〔註58〕此兩城爲《新唐書》，卷四十〈地理四〉，頁 1046，西州交河郡條所載。另《大唐大慈恩寺三藏法師傳》，卷一，頁 226 載：「從是（西州）西行度無半城、篤進城，後入阿耆尼國（焉耆）。」蓋指此二城歟。

〔註59〕出處見《新唐書》，卷四十〈地理四〉，頁 1046。西州交河郡條。

〔註60〕參見《新唐書》，卷四十三下〈地理七下〉，頁 1150。今地名見嚴耕望，〈唐代涼州西通安西道驛程考〉，《中央研究院歷史語言研究所集刊》第四十三本（民國 60 年），頁 335～402。

十里至熱海（今伊斯色克 Issyk 湖）〔註61〕。又四十里至凍城，又一百一十里至賀獵城，又三十里至葉支城，出谷至碎葉川口（今 Chu 河）八十里至裴羅將軍城；又西二十里至碎葉城（今 Tokmak）〔註62〕。自此與北道合而西行，爲唐時商旅、軍事要道。

三、南　道

（一）沙州于闐段

自沙州（今敦煌縣）壽昌縣四十里至陽關故城，又西至蒲昌海（今羅布泊）南岸，千里經七屯城（今木蘭，在阿不旦之南），又西八十里至石城鎮（今婼羌縣）。又西二百里至新城（今巴什仕里），又西經特勒井，渡且末河（今車爾成河）五百里至播仙鎮（今且末縣）。又西經悉利支井、祆井、勿遮水（今莫立札河），五百里至于闐東蘭城守捉（今安碟列），又西經移杜堡、彭懷堡、坎城守捉，三百里至于闐（今和闐縣）。〔註63〕

（二）于闐葱嶺守捉段

于闐西五十里有葦關，又西經勃野、西北渡繋館河，六百二十里至致支滿城。又西北經苦井、黃渠，三百二十里至雙渠。又西北經半城，百六十里至演渡州，又北八十里至疏勒鎮（今疏附縣）。自疏勒西南入劍末谷、青山嶺、青嶺、不忍嶺，六百里至葱嶺守捉（今蒲犂縣治），爲安西極邊之戍。〔註64〕

（三）葱嶺守捉活國段

從葱嶺守捉西行五百餘里至達摩悉鐵帝國（今護密），西南山行五百餘里

〔註61〕關於沿熱海南岸或北岸西行問題，沙畹（E. Chavannes）先生認爲當沿北岸而行，其理由有二：（一）湖之南通行甚難，最近歐洲諸旅行家業已證實其事。（二）西域記卷一云：「清池西北行五百餘里至素葉水城。」今從其說。

〔註62〕本段路程引自《新唐書》，卷四十三下〈地理七下〉，頁1149。今地名參考沙畹（E. Chavannes）著，馮承鈞譯，《西突厥史料》（台北：台灣商務印書館，民國55年8月台一版），頁10～14。

〔註63〕參見前引《新唐書》，頁1151。今地名參考馮承鈞，《西域地名》（台北：華世出版社，民國65年12月台一版）。另有一道從撥換（阿克蘇）南渡赤河（今喀什噶爾河），西南經神山、睢陽、鹹泊，南經疎樹，九百三十里至于闐鎮城。（出處同前引《新唐書》，頁1150）

〔註64〕參見前引《新唐書》，頁1150。另有一首從撥換西南渡渾河，百八十里至濟濁館，又經故達幹城，百二十里至謁者館。又六十里至據史德城。渡赤河（今喀什噶爾河），經岐山，三百四十里至葭蘆館（今伽師縣治），又經達漫城，百四十里至疏勒鎮。

至屈浪拏國（今 Kokcha 河上流）。又西北行三百餘里至淫薄健國（今 Jerm），西北行二百餘里至鉢創那國（今巴達克山），西行二百餘里至呬摩怛羅國（今 Daraim），西行入山三百餘里至讐健國，西行二日至活國（今 Kundus）。〔註65〕

第三節　四鎮民族素習

根據文化人類學的研究，民族文化的差異，實是特殊地理環境、歷史傳統等因素，互為因果、互相作用而成〔註66〕。亦即任何一個地區的文化，都是建築在人的身心配備、社會環境及自然環境的基礎之上〔註67〕。因此，文化的價值是相對的，也就是說，每一個民族文化的各種因素，只能站在該文化的立場作判斷，而不能以他一文化的觀點來說它的好壞。故每一種風俗的存在，都可以看作是該民族用以克服環境、保衛個人、繁殖種族的方法。〔註68〕

安西四鎮居亞洲心臟地帶，自古為東西交通要道，其種族之複雜，與語言文字之繁多，自不待言〔註69〕。然卻有一共同特徵——商業活動繁盛。其交易方式已達貨幣經濟階段。史載高昌國「賦稅計輸銀錢，無者輸麻布。」〔註70〕焉耆「貨用金錢、銀錢、小銅錢。」〔註71〕龜茲「稅賦準地征租，無田者則稅銀錢。」〔註72〕康國「善商賈，爭分銖之利。」〔註73〕《新唐書‧西域傳》康國條載：「先兒以石蜜啖之，置膠於掌，欲長而甘言，持珤若黏云。

〔註65〕 參見《大唐大慈恩三藏法師傳》，卷五，頁250。
〔註66〕 參見李亦園，〈邊疆民族概述〉，《邊疆論文集》第一冊（台北：國防研究院，民國53年元月台初版），頁463。
〔註67〕 參見芮逸夫，〈邊疆文化概述〉，《邊疆論文集》第二冊（台北：國防研究院，民國53年元月台初版），頁787。
〔註68〕 同註66。
〔註69〕 安西四鎮之人種皆屬白種人。參見嚴耕望，《中國歷史地理》（台北：中華文化事業社，民國57年7月第三版），唐代篇，頁59。西域的文字，近幾十年來，發現二十幾種。參見胡秋原，〈古代西域交通線考〉，《邊疆論文集》第一冊（台北：國防研究院，民國53年元月初版），頁59。
〔註70〕 見令狐德棻等，《周書》（台北：鼎文書局，民國67年11月再版），卷五十〈異域傳〉，頁914。
〔註71〕 見玄奘，《大唐西域記》（台北：台灣商務印書館，民國65年7月台二版），卷一，頁6。
〔註72〕 見魏收，《魏書》（台北：鼎文書局，民國68年2月二版），卷一〇二〈西域傳〉，頁2266。
〔註73〕 見《舊唐書》，卷一九八〈西戎傳〉，頁5310。

習旁行書。善商賈，好利。丈夫年二十，去傍國，利所在無不至。」〔註74〕
正是國際商人的寫照。

綠洲農業國，因地形隔絕，自成一小天地，卻無法抵抗草原騎馬民族的
侵略。有的商人的確能因戰爭而發財，但維持貿易路線的安全暢通，更是商
人追求的目標。於是，西域小國考量國家利益，事大是最佳的外交選擇。突
厥強盛時，與之通婚姻、貢方物。唐、突厥爭霸西域時則依違於兩大之間，
唐滅突厥，則入貢之使不絕於途。如史載高昌國「與西突厥通，凡西域朝
貢道其國，咸見壅掠。……（太宗伐高昌）初，（麴）文泰以金厚餉西突厥欲
谷設，約有急為表裏。」〔註75〕焉耆國「常役屬西突厥……，侯君集討高昌，
遣使與相聞，（焉耆王）突騎支喜，引兵佐唐。……西突厥臣屈利啜為弟娶突
騎支女，遂相約為輔車勢，不朝貢。」〔註76〕龜茲「貞觀四年獻馬，……復
臣西突厥，郭孝恪伐焉耆，乃遣兵與焉耆影援，自是不朝貢。」〔註77〕疏勒
「王姓裴氏……突厥以女妻之……貞觀九年，遣使者獻名馬。」〔註78〕由是
知草原民族與漢民族爭霸中亞時本區所扮演之角色。

今為方便說明，將本論文有關之重要西域國家，參考《魏書》〔註79〕、
《北史》〔註80〕、《周書》〔註81〕、《隋書》〔註82〕、《大唐西域記》〔註83〕、
《舊唐書》〔註84〕、《新唐書》〔註85〕西域傳中所載之地理與人文特性以表列
出之。

〔註74〕見《新唐書》，卷二二一下〈西域傳下〉，頁6244。

〔註75〕見《新唐書》，卷二二一上〈西域傳上〉，頁6221～6223。

〔註76〕同註75，頁6229。

〔註77〕同註75，頁6230。

〔註78〕同註75，頁6233。

〔註79〕見魏收，《魏書》（台北：鼎文書局，民國68年2月二版），卷一〇二〈西域
傳〉，頁2259～2287。

〔註80〕見李延壽，《北史》（台北：鼎文書局，民國68年3月再版），卷九十七〈西
域傳〉，頁3205～3248。

〔註81〕見令狐德棻著，《周書》（台北：鼎文書局，民國67年11月再版），卷五十〈異
域傳下〉，頁907～930。

〔註82〕見魏徵等，《隋書》（台北：鼎文書局，民國68年2月二版），卷八十三〈西
域傳〉，頁1841～1861。

〔註83〕見玄奘，《大唐西域記》（台北：台灣商務印書館，民國65年7月台二版），
卷一、卷十二，頁6～10、181～182。

〔註84〕同註73，卷一九八〈西戎傳〉，頁5289～5318。

〔註85〕同註74，卷二二一上、下〈西域傳上、下〉，頁6213～6266。

表一：西域諸國之地理與人文特性表

國(城)名 別稱	高昌	高昌	高昌	高昌	高昌
今地名	吐魯番縣屬之哈喇和卓城	吐魯番縣屬之哈喇和卓城	吐魯番縣屬之哈喇和卓城	吐魯番縣屬之哈喇和卓城	吐魯番縣屬之哈喇和卓城
疆域	橫八百里、縱五百里				東西三百里、南北五百里
臣屬於					
地理環境	土沃，麥禾皆再熟。	厥土良沃，穀麥歲再熟。	地多石磧，氣候溫暖，穀麥一歲再熟。	地多石磧，氣候溫暖，穀麥歲再熟。	地多石磧，氣候溫暖，穀麥歲再熟。
物產	有草名白疊，績花可織爲布。	有蒲萄酒，宜五果，有草名白疊，國人採其花織以爲布。	多五果，饒漆，有草其上生蜜，味甚佳，有白鹽。	多五果，饒漆，有草其上生蜜，味甚佳，有白赤鹽。	多五果，饒漆，有草其上生蜜，味甚佳，有白赤鹽。
人種特徵					
生活					官制比諸中夏，賦稅計輸銀錢，無者輸麻布。婚喪與華夏略同。
語言文字		有文字，知書記。			文字同華夏，兼用胡書。
風俗習慣	俗辮髮垂後。				與華夏大同而小異。
服飾					丈夫從胡法，婦人略同華夏。
宗教			俗事天神，兼信佛法。		
史料出處	《新唐書》，卷二二一上〈西域傳上〉，頁6220	《舊唐書》，卷一九八〈西戎傳〉，頁5293。	《北史》，卷九十七〈西域傳〉，頁3212。	《周書》，卷五十〈異域傳下〉，頁914~915。	
備註					《隋書》，卷八十三〈西域傳〉，頁1846所載與周書同。

—22—

（續上頁表）

項目	焉耆	焉耆	焉耆	焉耆
國（城）名	焉耆	焉耆	焉耆	焉耆
別　稱	阿耆尼	阿耆尼		
今地名	焉耆縣治	焉耆縣治	焉耆縣治	焉耆縣治
疆　域	橫六百里，縱四百里	橫六百里，縱四百里	東接高昌，西鄰龜茲	在車師南
臣屬於	西突厥	西突厥	西突厥	
地理環境		四面據山，道險易守，眾流交帶，引水為田。	其地良沃。	氣候寒，土田良沃。
物　產	土宜黍、蒲萄，有魚鹽利。	土宜糜黍、宿麥、香棗、蒲萄、梨柰諸果。	多蒲萄，有魚鹽之利。	穀有稻、粟、菽、麥，畜有駝馬。有魚鹽之饒。
人種特徵				
生　活		貨用金錢、銀錢、小銅錢。		
語言文字		文字取則印度，微有增損		文字與婆羅門同。
風俗習慣	俗尚娛遊。	風俗質直。		婚姻略同華夏，俗尚蒲萄酒，兼愛音樂。
服　飾	俗祝髮毾衣。	服飾氈毼，斷髮無巾。		
宗　教		小乘、伽藍十餘所，僧徒二千餘人。		俗事天神，並崇佛法。
史料出處	《新唐書》，卷二二一上〈西域上〉，頁6228。	《大唐西域記》，卷一，頁6。	《舊唐書》，卷一九八〈西戎傳〉，頁5300。	《魏書》，卷一○二〈西域傳〉，頁2261。
備　註				《北史》，卷九十七〈西域傳〉，頁3216所載同。

（續上頁表）

項目				
國（城）名	龜茲	龜茲	龜茲	龜茲
別　稱	丘茲、屈茲	屈支	屈支	
今地名	庫車縣	庫車縣		庫車縣
疆　域	橫千里，縱六百里	橫千里，縱六百里		
臣屬於	西突厥		西突厥	
地理環境				氣候較焉耆少溫。
物　產	土宜麻、麥、秔稻、蒲萄。	宜麻、麥、有種稻，出蒲萄、石榴，梨、李、桃、杏。	有良馬，封牛，饒蒲萄酒。	物產與焉耆略同。
人種特徵				
生　活		管絃伎樂，特善諸國。貨用金銀錢、小銅錢。	有城郭室宇，耕田畜牧為業。	稅賦準地征租，無田者，則稅銀錢。俗性多淫，置女市，收男子錢入官。
語言文字	旁行書。	文字取則印度，粗有改變。	學胡書及婆羅門書。	
風俗習慣	俗善歌樂，善淫。	風俗質。		風俗、婚姻、喪葬與焉耆略同。
服　飾	俗習鏤氈。	服飾錦氍，斷髮巾帽。	男女皆剪髮，垂與項齊。	
宗　教	貴浮圖法。	小乘、伽藍百餘所，僧徒五千餘人。	尤重佛法。	
史料出處	《新唐書》，卷二二一上〈西域上〉，頁6230。	《大唐西域記》，卷一，頁6。	《舊唐書》，卷一九八〈西戎傳〉，頁5303。	《魏書》，卷一〇二〈西域傳〉，頁2266～2267。
備　註				《北史》、《周書》、《隋書》所載皆同。

（續上頁表）

國（城）名	跋祿迦	跋祿迦	疏勒	疏勒
別稱	亟墨		佉沙	佉沙
今地名	溫宿縣	溫宿縣	喀什噶爾	喀什噶爾
疆域	橫六百里，縱三百里	橫六百里，縱三百里	環五千里	
臣屬於			西突厥	
地理環境			多沙磧，少壤土。	氣候和暢，風雨順序。
物產				華果繁茂。
人種特徵		其人文身碧瞳。		人性獷暴，容貌麤鄙，文身綠睛。
生活				稼穡殷盛，學藝庸淺，工織細氈細氍。出細氈氍。
語言文字	文字與龜茲同，語言少異。	文字與龜茲同，語言少異。		文字取則印度，雖有刪訛，頗存體勢。語言詞調，異於諸國。
風俗習慣	與龜茲同。	與龜茲同。	俗尚詭詐。	俗多詭詐，禮義輕薄。
服飾				
宗教	小乘教。		俗祠祆神。	淳信佛法，習學小乘。
史料出處	《新唐書》，卷二二一上〈西域上〉，頁6232。	《大唐西域記》，卷一，頁7。	《新唐書》，卷二二一上〈西域上〉，頁6233。	《大唐西域記》，卷十二，頁181。
備註				

（續上頁表）

國（城）名	疏勒	干闐	干闐
別　　稱		瞿薩旦那、渙那	瞿薩旦那
今　地　名	喀什噶爾	和闐	和闐
疆　　域	西帶葱嶺	并有漢戎、杆彌、渠勒、皮山五國故地	周四千餘
臣　屬　於	西突厥	西突厥	
地理環境		西有沙磧。	沙磧大半，壤土陿狹。
物　　產	土多稻、粟、麻、麥、銅、鐵、錫。	有玉河，國人夜視月光盛處，必得美玉。	官穀稼，多眾果，出白玉、黳玉。
人種特徵			人性溫恭。
生　　活		人喜歌舞、工紡績。	國尚音樂，人好歌舞。好學典藝、博達技能，工紡績，絕細出細氈。
語言文字	有胡書文字。		文字憲章，聿遵印度，微改體勢，語異諸國。
風俗習慣		俗機巧、言迂大。	俗知禮義，儀刑有禮。
服　　飾			
宗　　教	俗事妖神。	事祆神、浮屠法。	崇尚佛法，習大乘法教。
史料出處	《舊唐書》，卷一九八〈西戎傳〉，頁5305。	《新唐書》，卷二二一上〈西域上〉，頁6235。	《大唐西域記》，卷十二，頁182。
備　　註	此時突厥尚未分裂。		

（續上頁表）

國（城）名	干闐	干闐	碎葉	碎葉
別　　稱	和闐	和闐	素葉	素葉水城
今　地　名		Tokmak	Tokmak	Tokmak
疆　　域		在且末西北，葱嶺之北二百餘里	西南帶葱嶺與龜茲接	城周六、七里
臣　屬　於		西突厥	西突厥	西突厥
地理環境		連山相次。		氣序風寒。
物　　產		土宜五穀、桑麻，山多美玉，有好馬、駝騾。	國出美玉。	土宜糜麥、蒲萄，林樹稀疏。
人種特徵		頗類華夏。		
生　　活		比國商胡雜居。		諸國商胡雜居。
語言文字				
風俗習慣		與龜茲略同。俗無禮義，多盜賊，淫縱。	俗多機巧。	
服　　飾				人衣氈褐。
宗　　教		俗重佛法。	好事妖神，崇佛教。	
史料出處		《魏書》，卷一〇二〈西域傳〉，頁2262。	新書唐卷二二一上〈西域上〉，頁6233。	《大唐西域記》，卷一，頁8。
備　　註		《舊唐書》，卷一九八〈西戎傳〉，頁5305。	《北史》、《周書》、《隋書》所載皆同。	

（續上頁表）

國(城)名	康國	康國	康國	康國
別稱	薩末鞬	颯秣建	Samar Kand	康國
今地名	Samar Kand	Samar Kand		Samar Kand
疆域	在那密水南，大城三十，小堡三百	周千六、七百	西突厥	蔥嶺以西
臣屬於	西突厥	西突厥		
地理環境	土沃宜禾。	土地沃壤，氣序和暢。		氣候溫，宜五穀。
物產	出善馬。	稼穡備植、林樹蓊鬱，花果滋茂，多出善馬。		樹木滋茂，多蒲萄酒。
人種特徵			深目高鼻，多鬚髯。	人皆深目高鼻，多髯。
生活	善商賈，好利，利所在，無不至，出機巧技，嗜酒。	異方寶貨，多聚此國。機巧之伎，特工諸國。	善商賈，爭分銖之利。嗜酒。	善商賈，諸夷交易多湊其國。
語言文字			俗習胡書。	
風俗習慣	好歌舞於道。	風俗猛烈。	好歌舞於道。	
服飾			丈夫翦髮或辮髮，婦人盤髻，蒙以皁巾。	婚姻喪制與突厥同。
宗教	尚浮圖法，祠祆神。		頗有佛法。	有祆祠。
史料出處	《新唐書》，卷二二一下〈西域下〉，頁6243~6244。	《大唐西域記》，卷一，頁9。	《舊唐書》，卷一九八〈西戎傳〉，頁5310。	《魏書》，卷一〇二〈西域傳〉，頁2281。
備註	兵馬強國	兵馬強盛		《隋書》所載亦同。

本表說明：(1)其國名以《新唐書》為準。(2)今地名根據馮承鈞編「西域地名」之考證。(3)臣屬於一項一律以啟勢力未達前為準。

第三章　唐代初期（618〜658）
對西域的經營

第一節　唐代國都與西北民族的關係

　　國都，是一國的神經中樞，是人民生活的指導中心，是政治力量之策動源泉〔註1〕。它必須具有控制八方，長駕遠馭的氣慨，領導全國政治、經濟、文化的發展，據有國防上的優越形勢〔註2〕。李唐承繼西魏、北周、隋以來的「關中本位政策」，定都長安。

　　長安位於關中，其形勢：「名山鳌峙，大川環流，憑高據深，雄於天下。」〔註3〕戰國時，蘇秦說秦惠王，稱讚建國關中的秦國是：「秦四塞之國，被山帶渭，東有關河，西有漢中，南有巴蜀，北有代馬。」〔註4〕楚、漢之際，關中形勢依然爲人所艷稱，故人或說項羽曰：「關中阻山河四塞，地肥饒，可都以霸。」〔註5〕婁敬說漢高祖曰：「秦地被山帶河，四塞以爲固，卒然有急，

〔註1〕　參見吳宗嶽，《中國的地緣政治》（台北：中華文化出版事業社，民國53年6月初版），頁141。

〔註2〕　參見王恢，《中國歷史地理》（台北：台灣學生書局，民國68年4月修訂再版），上冊，第一篇，五大古都，頁11。

〔註3〕　顧祖禹，《讀史方輿紀要》（台北：新興書局，民國56年6月一版），卷五十三，陝西二，西安府，頁1116〜1117。

〔註4〕　司馬遷，《史記》（台北：鼎文書局，民國64年，台一版），卷六十九〈蘇秦傳〉，頁2242。

〔註5〕　同前註引書，〈項羽本紀〉，頁315。至於說者何人，裴駰集解云：「《楚漢春秋》，揚子注言云說者是蔡生，《漢書》云是韓生。」所謂四塞，集解引徐廣云：「東函谷，南武關，西散關，北蕭關。」

百萬之眾可具也。」〔註6〕張良亦云：「夫關中左殽函，右隴蜀，沃野千里，南有巴蜀之饒，北有胡苑之利，阻三面而守，獨以一面東制諸侯。……此所謂金城千里，天府之國也。」〔註7〕隋末李密為楊玄感謀曰：「關中四塞，天府之國。」〔註8〕李淵起自太原，先入長安，根本既固，遂以削平群雄。故司馬遷云：「夫作事者必於東南，收功實者常於西北。」〔註9〕

　　實則關中形勢，並不如前人所說之好。關中，西依隴山，腹地不廣；北臨高原，無險可守，故突厥鐵騎得以進逼渭濱。加之秦、漢以來，水利漸弛，氣候漸變，土壤漸瘠，可耕之地漸少。杜佑云：「秦、漢鄭渠溉田四萬頃，白渠浪田四千五百頃。永徽中，兩渠灌浸不過萬頃。……歲少四五百萬斛。」〔註10〕生產實不足以滿足當地的需要，故每年須從江淮輸入大量的物資來接濟。在唐高祖、太宗時，中央政府組織比較簡單，駐紮的府兵又自備糧餉，故每年只由江淮輸入一二十萬石的米便已足用。可是，自高宗以後，一方面由於政府組織的擴大，它方面由於府兵制度變為募兵制，政府經費的開支，一天天的增多，因此每年仰給江淮的糧食也就激增。故高宗的七次巡幸東都，就是出於經濟上的原因〔註11〕。加之北面有「控弦百餘萬，有輕中夏之志」的突厥威脅，唐之定都長安除受關中本位政策的影響外，與開國之君的恢宏遠見、冒險進取之精神有關〔註12〕。此後，唐據長安，平服四裔，「大拓西北商路，招致殊方賈胡，自葱嶺以東，龜茲、西州、敦煌、涼州。諸地皆極繁盛，益使長安為國際之都會。近撫九有，遠蒞萬邦，威外福中，盛愈往古。」〔註13〕

〔註6〕　同前註引書，卷九十九〈劉敬傳〉，頁2716。

〔註7〕　同前註引書，卷五十五〈留侯世家〉，頁2044。

〔註8〕　劉昫，前引書，卷五十三〈李密傳〉，頁2208。

〔註9〕　司馬遷，前引書，卷十五，六國年表序，頁686。

〔註10〕　歐陽修、宋祁，《新唐書》（台北：鼎文書局，民國70年元月三版），卷二一五上〈突厥傳上〉，頁6026。兩渠溉田面積激減的原因，除戰亂外，又由於富商大賈在渠旁競造碾磑有以致之。參見《通典》，卷二，頁18；《元和郡縣圖志》，卷一，頁31～32；及全漢昇，《唐宋帝國與運河》（香港：新亞研究所出版，1976年3月），頁4。

〔註11〕　全漢昇，前引書，頁15～21。

〔註12〕　關於突厥屢次入寇，高祖欲焚長安以避之事實真相。參見李樹桐，《唐史考辨》（台北：台灣中華書局，民國68年2月台三版），論唐高祖之才略，頁55～60。

〔註13〕　藍文徵，《隋唐五代史》（台北：台灣商務印書館，民國67年5月台三版），頁11。

　　雖然如此，唐代初期突厥與吐谷渾的頻頻入寇，確曾給長安帶來莫大的威脅。今根據《資治通鑑》所載，自武德二年（619）起，至貞觀三年（629），十二年間，將北、西二蕃的入寇情形做表（參見表二），將其入寇地點與京師之距離，和元和郡縣圖志所載里程互相對照，俾印證北、西二蕃對長安的威脅。

　　若以軍馬每日行三百里的速度來算〔註14〕，只須三天功夫即可進逼京師者，達二十七次之多。全國的行政中心，豈容一日數警，唐中央政府勢必對這種鉗形攻勢予以突破。故渭水之危解後，太宗每日親率數百人習射於顯德殿庭，不數年而滅東突厥。

表二：唐代初期（619～629）東突厥吐谷渾入侵表

時　　間	入寇國	入寇地	今 地 名	距京師里程	唐　　對　　策
武德二年（619）二月	突　厥	夏　州	陝西橫山縣西	1,050	納幣致賄，突厥乃退。
武德二年（619）四月	突　厥	黃蛇嶺	山西榆次縣北	1,853	張達伐之，大敗。
武德二年（619）八月	突　厥	延　州	陝西膚施縣東南	674	段德操擊破之。
武德三年（620）九月	突　厥	涼　州	甘肅武威	1,060	楊仁恭擊之，為所敗。
武德四年（621）三月甲戌	突　厥	汾　陰	山西榮河縣北九里	440	
武德四年（621）三月壬午	突　厥	石　州	山西離石縣	1,250	刺史王集擊卻之。
武德四年（621）四月己亥	突　厥	雁　門	山西代縣西北三十里	1,630	李大恩擊走之。
武德四年（621）四月戊申	突　厥	并　州	山西太原	1,260	
武德四年（621）八月癸卯	突　厥	代　州	山西代縣	1,600	王孝基拒之，舉軍皆沒。
武德四年（621）八月甲辰	突　厥	崞　縣	山西崞縣	1,650	李大恩據城守月餘，突厥引去。
武德四年（621）九月	突　厥	并　州	山西太原	1,260	竇琮等擊之。

〔註14〕參見李樹桐，〈唐代的馬與交通〉，《國立台灣師範大學歷史學報》第五期（民國66年4月），頁42。

武德四年（621）九月戊午	突厥	原州	甘肅鎮原	800	尉遲敬德擊之。
武德四年（621）十一月	突厥	易州	河北易縣	2,345	
武德五年（622）三月	突厥	雁門	山西代縣西北三十里	1,630	
武德五年（622）四月	突厥	馬邑	山西朔縣東北四十里	1,750	遣李高遷救之，未至，城破。
武德五年（622）五月	突厥	忻州	山西忻縣	1,440	李高遷擊破之。
武德五年（622）五月癸丑	吐谷渾	洮、旭、疊州	青海、甘肅附近	洮：1,500疊：1,700	岷州總管李長卿擊破之。
武德五年（622）六月丁卯	突厥	定州	河北定縣	2,085	
武德五年（622）八月申戌	吐谷渾	岷州	甘肅西河縣治	1,336	詔益州行台右僕射竇軌、渭州刺史且洛生救之。
武德五年（622）八月乙卯	突厥	雁門	山西代縣西北三十里	1,630	遣建成、世民、李子和、段德操擊之。
武德五年（622）八月己未	突厥	并州原州	山西太原甘肅鎮原	1,260800	李神符、蕭顗破之。
武德五年（622）八月己巳	吐谷渾	洮州	甘肅臨潭縣西南	1,500	遣武州刺史賀亮禦之。
武德五年（622）八月丙子	突厥	廉州	不詳		
武德五年（622）八月戊寅	突厥	大震關	陝西隴縣附近	526	遣鄭元璹說退之。
武德五年（622）十一月乙酉	突厥	靈州	寧夏靈武縣西南	1,250	靈州總管李道宗破之。
武德六年（623）四月	吐谷渾	芳州	青海東南	1,840	
武德六年（623）四月丙寅	吐谷渾	洮州岷州	甘肅臨潭縣甘肅西河縣	1,5001,336	五月，遣岐州刺史柴紹救岷州，六月大破之。
武德六年（623）五月庚寅	吐谷渾党項	河州	甘肅舊蘭州鞏昌府之間	1,460	刺史盧士良破之。
武德六年（623）五月丙申	突厥	林州	甘肅慶陽縣	720	
武德六年（623）五月癸卯	突厥	幽州	北平	2,523	突地稽將兵擊破之。

武德六年（623）六月壬戌	突　厥	匡　州	陝西綏德縣	1,000	
武德六年（623）六月丁卯	突　厥	馬　邑	山西朔縣東北四十里	1,750	李高遷破之。
武德六年（623）七月丙子	突　厥	馬　邑	山西朔縣東北四十里	1,750	李高遷、高滿政破之。
武德六年（623）七月癸未	突　厥	原　州	甘肅鎮原縣	800	
武德六年（623）七月乙酉	突　厥	朔　州	山西朔縣	1,720	己亥，遣太子將兵屯北邊，世民屯并州以防突厥。
武德六年（623）八月丙辰	突　厥	眞　州	陝西米脂縣	1,700	
武德六年（623）八月己未	突　厥	原　州	甘肅鎮原縣	800	
武德六年（623）八月辛未	突　厥	原　州和善鎮	甘肅鎮原縣附近	800	
武德六年（623）八月癸酉	突　厥	渭　州	甘肅隴西縣西南	1,100	
武德六年（623）九月庚寅	突　厥	幽　州	河北北平	2,523	
武德六年（623）九月壬寅	突　厥	幽　州	河北北平	2,523	
武德六年（623）十二月己巳	突　厥	定　州	河北定縣	2,085	州兵擊走之。
武德七年（624）三月丁酉	突　厥	原　州	甘肅鎮原縣	800	
武德七年（624）四月丁未	党　項	松　州	四川松潘縣治	1,900	
武德七年（624）五月辛未	突　厥	朔　州	山西朔縣	1,720	
武德七年（624）五月甲戌	羌吐谷渾	松　州	四川松潘縣治	1,900	遣竇軌、蔣善合擊之。
武德七年（624）六月丙辰	吐谷渾	扶　州	四川松潘縣東北	1,600	刺史蔣善合擊走之。
武德七年（624）六月	突　厥	代　州	山西代縣	1,600	州兵擊破之。
武德七年（624）七月己巳	突　厥	朔　州	山西朔縣	1,720	總管秦武通擊卻之。

武德七年（624）七月戊寅	突 厥	原 州	甘肅鎮原縣	800	遣寧州刺史鹿大師救之。
武德七年（624）七月庚辰	突 厥	隴 州	陝西隴縣	465	遣尉遲敬德擊之。
武德七年（624）七月	吐谷渾 党 項	岷 州 松 州	甘肅西河縣 四川松潘縣	1,336 1,900	甲申，扶州刺史蔣善合破吐谷渾於松州赤磨鎮。
武德七年（624）七月癸未	突 厥	陰 盤	甘肅平涼縣東	580	
武德七年（624）七月己丑	突 厥	并 州	山西太原	1,260	
武德七年（624）閏七月己未	突 厥	潞 州	山西邠縣		詔世民、元吉將兵出潞州禦之。
武德七年（624）八月戊辰	突 厥	原 州	甘肅鎮原縣	800	
武德七年（624）八月己巳	吐谷渾	鄯 州	青海樂都縣	1,900	
武德七年（624）八月壬申	突 厥	忻 州	山西忻縣	1,440	
武德七年（624）八月丙子	突 厥	并 州	山西太原	1,260	京師戒嚴。
武德七年（624）八月戊寅	突 厥	綏 州	陝西綏德	1,000	刺史劉大俱擊卻之。
武德七年（624）八月巳卯	突 厥	潞 州 五隴阪	山西邠縣		世民以香火情分化之。
武德七年（624）八月庚寅	突 厥	杜陽谷	陝西麟遊縣西北	470	歧州刺史柴紹破之。
武德七年（624）九月癸卯	突 厥	綏 州	陝西綏德	1,000	都督劉大俱擊破之。
武德七年（624）十月己巳	突 厥	甘 州	甘肅張掖	2,500	
武德七年（624）十月	吐谷渾 羌 人	疊 州	青海東南	1,700	
武德八年（625）正月	吐谷渾	疊 州	青海東南	1,700	
武德八年（625）四月乙亥	党 項	渭 州	甘肅隴西縣西南	1,100	
武德八年（625）四月甲寅	突 厥	涼 州	甘肅武威	1,060	長史劉君傑擊破之。

武德八年（625）六月丙戌	突厥	靈　州	寧夏靈武縣	1,250	以張謹禦之。
武德八年（625）七月己酉	突厥	相　州（恒州？）	河北獲鹿縣	1,990	
武德八年（625）八月壬戌	突厥	并　州	山西太原	1,260	
武德八年（625）八月癸亥	突厥	靈　州	寧夏靈武縣	1,250	
武德八年（625）八月丁卯	突厥	潞　州 沁　州 韓　州	山西長治縣 山西沁源縣 山西臨汾縣	1,330 1,020 730	詔李靖、任瓌禦突厥。
武德八年（625）八月庚辰	突厥	靈　武	寧夏靈武縣	1,250	
武德八年（625）八月丙戌	突厥	綏　州	陝西綏德縣	1,000	
武德八年（625）九月癸巳	突厥	并　州	山西太原	1,260	丙申，代州都督藺擊破之。
武德八年（625）九月	突厥	蘭　州（蘭州？）	山西離石縣西（？）	1,250	
武德八年（625）十月壬申	吐谷渾	疊　州	青海東南境	17,00	刺史蔣善合救之。
武德八年（625）十月戊寅	突厥	鄯　州	青海樂都縣	1,900	遣柴紹救之。
武德八年（625）十一月戊戌	突厥	彭　州	甘肅寧縣	556	
武德八年（625）十一月丙午	吐谷渾	岷　州	甘肅西河縣治	1,336	
武德九年（626）二月丁亥	突厥	原　州	甘肅鎮原縣	800	揚毛擊之。
武德九年（626）三月癸巳	吐谷渾 党　項	岷　州	甘肅西河縣治	1,336	
武德九年（626）三月辛亥	突厥	靈　州	寧夏靈武縣	1,250	
武德九年（626）三月丁巳	突厥	涼　州	甘肅武威縣	1,060	都督長樂王李幼良擊走之。
武德九年（626）四月丁卯	突厥	朔　州	山西朔縣	1,720	
武德九年（626）四月庚午	突厥	原　州	甘肅鎮原縣	800	

武德九年（626）四月癸酉	突厥	涇州	甘肅涇川縣北	480	
武德九年（626）四月戊寅	突厥	靈州	寧夏靈武縣	1,250	安州大都督李靖擊退之。
武德九年（626）四月癸未	突厥	西會州	甘肅鎮原縣	1,190	
武德九年（626）五月壬辰	党項	廓州	甘肅貴德縣	2,410	
武德九年（626）五月戊戌	突厥	秦州	甘肅天水縣治	800	
武德九年（626）五月丙午	吐谷渾 党項	河州	舊蘭州鞏昌兩府間	1460	
武德九年（626）五月	突厥	蘭州	甘肅皐蘭縣	1,460	
武德九年（626）六月	突厥	烏城	寧夏鹽池縣	1,500	以元吉救之。
武德九年（626）六月	吐谷渾	岷州	甘肅西河縣治	1,336	
武德九年（626）六月	突厥	隴州	陝西隴縣治	465	
武德九年（626）六月辛未	突厥	渭州	甘肅隴西縣西南	1,100	遣柴紹擊之，七月，破之於秦州。
武德九年（626）八月	突厥	涇州 武功	甘肅涇川縣陝西鄠縣	480 150	京師戒嚴。
武德九年（626）八月己卯	突厥	高陵	西安東北七十里	70	辛巳，涇州道行軍總管尉遲敬德與突厥戰，破之。
武德九年（626）八月癸未	突厥	渭水便橋之北	西安北五十里	50	太宗親率六騎詣渭水與頡利盟，突厥退。
貞觀二年（628）正月癸丑	吐谷渾	岷州	甘肅西河縣治	1,336	都督李道彥擊走之。
貞觀二年（628）九月己未	突厥	寇邊			
貞觀三年（629）十一月辛丑	突厥	河西			肅州刺史公孫武達、甘州刺史成仁重與戰，破之。
貞觀三年（629）十一月乙丑	突厥	靈州	寧夏靈武縣	1,250	任城王道宗破之。

註：本表中有群雄引突厥入寇者，不另註明。

第二節　東突厥的侵凌與西突厥的控制西域

突厥，原居於高昌北之貪汗山（外蒙古肯特山之支阜），約在北魏太延至和平元年之間（西元 435～460）為柔然所掠，遷居於金山（阿爾泰山）之陽，為柔然鍛奴。〔註 15〕

其後至土門（Bumin），部落漸盛，始至塞上市繒絮，願通中國。時鐵勒將伐柔然，土門率眾擊破之，盡降其眾五萬餘落。於是恃其疆域盛大，求婚於柔然。柔然主阿那瓌大怒，使人罵辱之〔註 16〕。土門亦怒，殺其使者，遂與之絕，轉求婚於西魏，大統十七年（551），西魏妻以長樂公主。西魏廢帝元年（552）正月，土門發兵擊柔然，大破之。阿那瓌自殺。土門遂自號伊利可汗（Ilkhan）。次年（553）土門死，子科羅立，是為乙息記可汗。不久，科羅死，其弟燕都俟斤立，號為木杆可汗（Mukan Khakhan）。木杆，「性剛暴，務於征伐。」盡滅柔然，魏恭帝三年（556）擊破吐谷渾，又「西破嚈噠（Hephthalites），東走契丹，北併契骨，威服塞外諸國。其地東至遼海以西，西至西海（裏海）萬里，南至沙漠以北，北至北海（貝加爾湖）五六千里。」〔註 17〕建牙庭於于都斤山（外蒙谷三音諾顏南）。時周齊交爭，戎車歲動，故每連結突厥以自重。北周武帝保定五年（565）木杆可汗以女妻武帝。周人歲給繒絮錦綵十萬段，突厥人在長安者又待以優禮，衣錦食肉者，常以千數；齊人懼其寇掠，亦傾府藏以賂之。木杆在位二十年，卒，弟佗鉢可汗（Tapor Khakhan）立，彌復驕傲，謂其徒屬曰：「但使我在南兩個兒孝順，何憂無物邪。」〔註 18〕

初，伊利可汗卒，子乙息記可汗立，病且卒，捨其子攝圖（Shipdu），立其弟俟斤，是為木杆可汗。木杆在位二十年卒，復捨其子大邏便而立其弟，是為佗鉢可汗。佗鉢卒，子菴羅（Amro）立。大邏便不得立，心不服菴羅，每遣人辱罵之。菴羅不能制，因以國讓攝圖，是為沙鉢略可汗（Shaporo Khakhan），治都斤山（杭愛山之一支）。菴羅降居獨洛水（外蒙土拉河），號第二可汗，以木杆子大邏便為阿波可汗，還領所部。既而沙鉢略以阿波驕悍，擊破之，阿波西奔達頭（Dardo）可汗（名玷厥，沙鉢略之從父，舊為西面可

〔註 15〕參見馬長壽，《突厥人和突厥汗國》（上海：上海人民出版社，1957 年 5 月第一刷），頁 8～9。

〔註 16〕參見令狐德棻等，《周書》，卷五十〈異域下〉，頁 908。使人罵辱之曰：「爾是我鍛奴，何敢發是言也。」

〔註 17〕令狐德棻，前引書，卷五十，頁 909。

〔註 18〕見同前註引書，卷五十，頁 911。

汗），達頭大怒，遣阿波率兵而東與沙鉢略相攻，突厥因此而分東西。〔註19〕

一、東突厥的侵凌壓境

沙鉢略可汗後歷三可汗傳至始畢可汗〔註20〕（參見東突厥可汗世系表）。時值隋末亂離，中國人歸之者無數，遂大強盛，「東自契丹，室韋，西盡吐谷渾、高昌諸國，皆臣屬焉，控弦百餘萬，北狄之盛，未之有也，高視陰山，有輕中夏之志。」〔註21〕李淵起兵太原，亦遣劉文靜連結突厥以為援〔註22〕，其對初唐最大的威脅是扶植北方群雄與唐相對抗，並連年入寇。

表三：東突厥可汗世系表

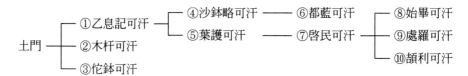

註：本表資料採自《隋書‧突厥傳》、《舊唐書‧突厥傳》。

〔註19〕 突厥之分裂，因非本論文重點所在故不詳述。可參看魏徵，《隋書》，卷八十四〈北狄傳〉、〈突厥傳〉，頁1863～1876。然則突厥之分為東西，當可追溯至土門可汗時，土門可汗以其弟室點密統領十大首領，有兵十萬，往平西域諸胡國，自號可汗，號十姓部落，世統其眾。（《舊唐書》，卷一九四下〈突厥傳下〉，頁5188）《周書》、《隋書》載木杆可汗西破嚈噠，實則嚈噠為室點密與波斯王Khosrou Anouschirwan所滅。室點密子玷厥，即為阿波可汗所往投之西面可汗也。（參見沙畹著，馮承鈞譯，《西突厥史料》，頁1～2）

〔註20〕 隋時沙鉢略西困於達頭，東畏契丹，遣使告急，請居於白道川內，詔許之。沙鉢略卒，弟處羅侯立，是為葉護可汗，西征，生擒阿波。後死於西征，其眾奉沙鉢略之子雍虞閭為主，是為都藍可汗。時隋欲離間北狄，以宗女妻處羅侯之子染干（號突利可汗），都藍擊染干，染干逃入隋，隋拜為意利珍豆啓民可汗，於朔州築大利城以居之。都藍侵擾不已，隋遣楊素、韓增壽、史萬歲、姚辯擊都藍，都藍為其麾下所殺。西部可汗達頭自立為步迦可汗，其國大亂。是歲，西突厥泥利可汗及葉護俱為鐵勒所敗，并奚、霫五部內徙，步迦奔吐谷渾，啓民遂有其眾。大業四年（609）啓民卒，立其子咄吉世為始畢可汗。（參見《隋書》，卷八十四〈突厥傳〉，頁1869～1876）

〔註21〕 《舊唐書》，卷一九四上〈突厥傳上〉，頁5153。

〔註22〕 關於太原起義至稱帝期間之記載，以《大唐創業起居注》為第一手史料。至於高祖是否向突厥稱臣，李樹桐論之詳矣。見李樹桐，《唐史考辨》（台北：台灣中華書局，民國68年2月台三版），頁214～246。另外吳平先生根據《資治通鑑》所載高祖和突厥間的種種，認為「沒有一句是實話，不足為信史」，立論相當新穎，卻不無道理。參見吳平，〈唐初突厥兵在中國行為之臆測〉，《書目季刊》第九卷第一期，民國64年6月，頁69～72。

（一）扶植北方群雄

始畢可汗，一面助唐，一面扶植北方群雄與唐相抗，以造成均勢，從中漁利（參見圖四）。群雄與東突厥互爲影響者如下：

竇建德，大業末，起兵河間樂壽，自稱長樂王。北連突厥，兵鋒甚盛，武德四年（621）五月爲秦王世民敗於牛口渚（河南氾水縣西北二十五公里）。〔註23〕

梁師都，夏州朔方人，大業末起兵，自稱大丞相，北連突厥。敗隋將張世隆後，即皇帝位，稱梁國。突厥始畢可汗遺以狼頭纛，立爲大度毗伽可汗，解事天子。自是連年引突厥入寇，邊州略無寧歲。貞觀二年（628）始平之。〔註24〕

劉武周，大業末起兵於馬邑（山西朔縣東北四十里，桑乾河北岸），遣使附于突厥，始畢立爲定楊可汗。武德三年（620）四月，李世民破之。突厥又以苑君璋爲大行台，統其餘眾，仍令郁射設督兵助鎮。〔註25〕

郭子和，大業末據榆林（綏遠境顎爾多斯左翼地，黃河南流處）起兵，自稱永樂王，南連梁師都，北附突厥，並送子爲質以自固，始畢以郭子和爲平楊天子，子和不敢當，乃更署爲屋利設。武德元年（618）歸唐。〔註26〕

劉季眞，離石胡人。李淵起義，季眞與弟六兒舉兵爲盜，北連突厥，季眞自稱突利可汗，以六兒爲拓定可汗，共爲邊患。武德三年（620）四月，爲高滿政所殺。〔註27〕

薛舉，大業末起兵隴西金城（甘肅臯蘭縣治），自號西秦霸王。唐師定關中，薛舉厚賂突厥，餌其戎馬，合從并力，謀進取京師，未成。武德元年卒，子仁杲代有其眾，武德元年（618）十一月，爲秦王世民所平。〔註28〕

李軌，大業末，舉事武威，自稱河西大涼王，連好吐谷渾，結援於突厥。盡有河西五郡之地，武德二年（619）安興貴、安修仁以計擒之，降於唐。〔註29〕

〔註23〕《舊唐書》，卷五十四〈竇建德傳〉，頁2234～2242。

〔註24〕參見《舊唐書》，卷五十六〈梁師都傳〉，頁2280～2281；及參見《資治通鑑》，卷一八三〈隋紀七〉，恭帝義寧元年三月條，頁1543。

〔註25〕參見《舊唐書》，卷五十五〈劉武周傳〉，頁2252～2254。

〔註26〕參見《舊唐書》，卷五十六〈李子和傳〉，頁2282。

〔註27〕參見《舊唐書》，卷五十六〈劉季眞傳〉，頁2281～2282。

〔註28〕參見前引書，卷五十五〈薛舉傳〉，頁2245～2248。

〔註29〕參見前引書，卷五十五〈李軌傳〉，頁2248～2252。

圖四：隋末黃河以北群雄割據圖

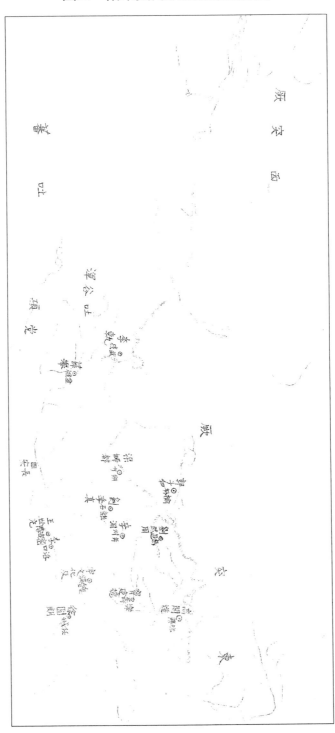

　　高開道，武德元年（618）陷漁陽（河北薊縣治），自立爲燕王，北連突厥，頻寇恒、定、幽、易等州。武德七年（624）二月，開道將張金樹殺開道降唐。〔註30〕

　　王世充，武德二年（619）四月廢越王侗，自即皇帝位，建元開明，國號鄭。三年五月，突厥遣阿史那揭多獻馬千匹於王世充，且求婚，世充以宗女妻之，并與之互市。武德四年（621）五月秦王世民降之。〔註31〕

　　劉黑闥，武德四年七月，起兵於漳南（山東恩縣西北六十里衛河南岸）。遣使北連突厥，中原地區原降唐者，紛紛翻附於黑闥。武德五年（622）十二月，建成、元吉大破之於館陶。〔註32〕

（二）連年入寇

　　武德四年（621）底，盤據黃河以北的群雄泰半被平服，東方除漁陽的高開道，就數新興的劉黑闥，威脅最大，北方只剩梁師都（參見圖五）。突厥原利用中國分裂，坐收漁利〔註33〕，如今北方的均勢已遭破壞，而梁師都又遣陸季覽說突厥處羅可汗云：「比者中原喪亂，分爲數國，勢均力弱，所以北附突厥。今武周既滅，唐國益大，師都甘從亡破，亦恐次及可汗。願可汗行魏孝文之事，遣兵南侵，師都請爲鄉導。」〔註34〕突厥自是進年入寇（見表二）。

二、西突厥的控制西域

　　西突厥，先其訥都陸之孫吐務，號大葉護。長子曰土門伊利可汗，次子曰室點密（Istami Kagan）或曰瑟帝米。瑟帝米之子曰達頭可汗，亦曰步迦可汗。始與東突厥分烏孫故地而有之，東接突厥，西雷翥海（Aral），南疏勒（Kashgar）、北瀚海（蒙古沙漠西北部）。由焉耆（Karashar）西北七日行至其

〔註30〕參見前引書，卷五十五〈高開道傳〉，頁 2256～2257。

〔註31〕參見《舊唐書》，卷五十四〈王世充傳〉，頁 2231；及《資治通鑑》，卷一八八〈唐紀四〉，高祖武德三年五月條，頁 1585。

〔註32〕參見前引書，卷五十五〈劉黑闥傳〉，頁 2258～2260。然本卷將建成、元吉破劉黑闥之時間寫爲六年二月，唯據《舊唐書》高祖本紀載於五年十二月，《資治通鑑》，卷一九〇〈唐紀六〉，亦繫於五年十二月條，今從之。

〔註33〕周、齊交爭，突厥獲利不少。及齊滅，佗鉢可汗立齊范陽王高紹義爲齊帝，以資對抗。周隋以來突厥之入寇，似乎以經濟利益的取得爲主。（參見蕭啓慶，〈北亞遊牧民族南侵各種原因的檢討〉，《食貨月刊復刊》第一卷第十二期，民國 61 年 3 月出版，頁 609～619）

〔註34〕同註24。

圖五：唐武德五年黃河以北群雄割據圖

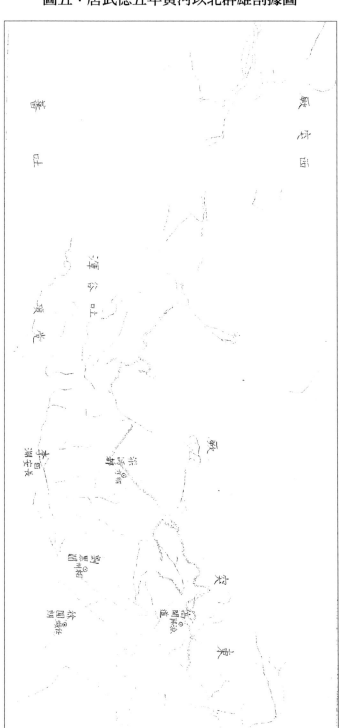

南庭，又正北八日行至北庭。與都陸、弩失畢、歌邏祿、處月、處密、伊吾
諸種雜，風俗略同於突厥，言語稍異。〔註35〕

　　初，阿波可汗與沙鉢略相攻，後爲東突厥葉護可汗所擒，其國人立鞬素
特勤之子爲泥利可汗。卒，子達漫立，號泥撅處羅可汗。大業初，處羅可汗
撫御無道，其國多叛，與鐵勒屢相攻，爲鐵勒所敗。後裴矩利用西突厥射匱
可汗向隋求婚，要求射匱攻處羅。射匱擊敗處羅，處羅東歸於隋，後處羅從
征高麗，賜號曷薩那可汗，賞賜甚厚。〔註36〕

　　處羅入朝不得歸，國中無主，其國人遂立射匱可汗。射匱在位，廣開土
宇，東至金山，西至海，玉門以西諸蕃皆役屬之，遂與北突厥爲敵，建庭於
龜茲北三彌山。尋卒，弟統葉護可汗代立。統葉護可汗勇而有謀，善攻戰，
遂并鐵勒（Tölös），其疆域西拒波斯（Perse）〔註37〕，南接罽賓，控弦數十
萬，霸有西域，移庭於石國北之千泉。其西域諸國王悉授頡利發（Iltäbär），
并遣吐屯一人監統之，督其征賦。西戎之盛，未之有也〔註38〕。薛延陀，契
苾二部並去可汗之號，臣屬於統葉護。〔註39〕（參見圖六）

　　玄奘西行至碎葉，見統葉護可汗畋獵，「戎馬甚盛，槖騭端弓駝馬之騎，
極目不知其表」〔註40〕，亦可爲其強盛之旁證。

〔註35〕參見《新唐書》，卷二一五下〈突厥下〉，頁6055。據沙畹考證西突厥南庭，當
　　　　在空格斯（Koungès）河流域；而北庭則有兩可能之處：一在今伊犁城附近，
　　　　一在頡畢湖（Ebinor）附近。（見沙畹著，馮承鈞譯，《西突厥史料》，頁26）
〔註36〕參見《隋書》，卷八十四〈北狄傳〉，頁1876～1879。因非本論文重點，故不
　　　　詳述。
〔註37〕《新唐書》，卷二二一下〈西域下・波斯傳〉，頁6258。載云：「隋末，西突厥
　　　　（統）葉護可汗討殘其國，殺國王庫薩和（Khosrou II Parviz），其子施利
　　　　（Schiröe）立，葉護使部帥監統。」沙畹根據 Nöldeke 撰波斯大食史，認爲
　　　　庫薩和非突厥所殺，實爲其子 Schiröe 命人所害，時在 628 年 2 月 29 日。（見
　　　　《西突厥史料》，頁156）
〔註38〕參見《舊唐書》，卷一九四下〈突厥下〉，頁5181。並參考林恩顯，〈統葉護可
　　　　汗時代的西突厥研究〉，《國立政治大學學報》第二十一期，民國59年5月，
　　　　頁279～293。
〔註39〕參見《舊唐書》，卷一九九下〈北狄傳〉，頁5343～5344。傳載：「初，大業中，
　　　　西突厥處羅可汗始強大，鐵勒諸部皆臣之，而處羅徵稅無度，薛延陀等諸部
　　　　皆怨，處羅大怒，誅其酋帥百餘人。鐵勒相率而叛，共推契苾哥楞爲易勿眞
　　　　莫賀可汗，居燕末山北。西突厥射匱可汗強盛，延陀、契苾二部並去可汗之
　　　　號以臣之。迴紇等六部在鬱督軍山者，東屬於始畢，乙失鉢所部在金山者，
　　　　西臣于葉護。」
〔註40〕參見慧立，《大唐大慈寺三藏法師傳》，卷二，頁227。

圖六：唐代前期亞洲形勢圖

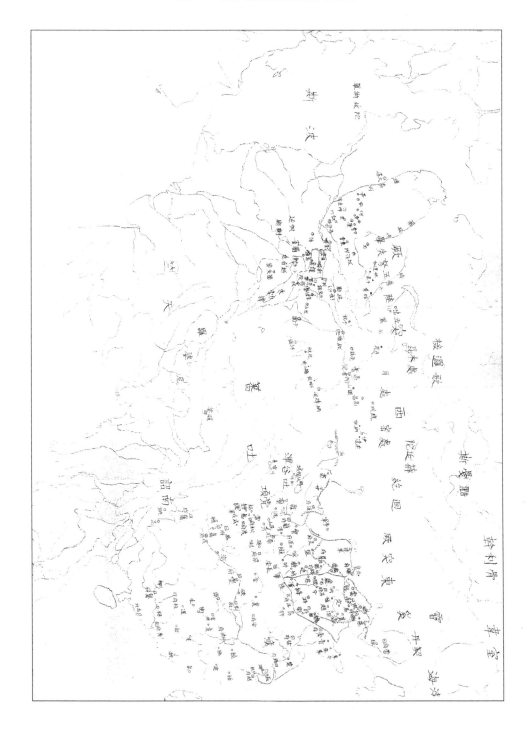

三、唐對威脅的突破策略

（一）安撫政策

唐高祖入長安後，次年（618），登大位，建元武德，國號唐。然群雄依舊環伺（見圖七），突厥之壓迫並未稍減，乃於武德二年（619）二月下詔曰：

> 朕祇膺寶圖，撫臨四極，悅近來遠，追革前弊，要荒藩服，宜與和親。其吐谷渾已修職貢，高句麗遠送誠款，契丹、靺鞨咸求內附，因而鎮撫，允合機宜。分命行人，就申好睦，靜觀息民，於是乎在。〔註41〕

然則，最大的威脅仍來自東突厥，為免其與劉武周共為邊患，李淵起兵之初即遣劉文靜使於突厥以請兵。約「同入京師，人眾土地入唐公，財帛金寶入突厥。」〔註42〕「及高祖即位，前後賞賜，不可勝紀。始畢自恃其功，益驕踞，每遣使者至長安，頗多橫恣，高祖以中原未定，每優容之。」〔註43〕此後數年間，唐一方面與群雄作戰，一方面要應付突厥的需索。高祖應付突厥的方式，不外遣以女色〔註44〕、寵其使者〔註45〕、賂以重幣〔註46〕等，但突厥並不會放棄利用混亂局面，以攫取利益。武德五年（622）八月，突厥頡利可汗入寇，精騎數十萬，自介休至晉州，數百里間，填溢山谷，高祖遣曾五度出使突厥的鄭元璹往責頡利，並說頡利以利云：

> 漢與突厥，風俗各異，漢得突厥，既不能臣，突厥得漢，復何所用？且抄掠資財，皆入將士，在於可汗，一無所得。不如早收兵馬，遣使和好，國家必有重賚，幣帛皆入可汗，免為劬勞，坐收利益。〔註47〕

頡利納其言，遂引還。

〔註41〕見宋綬、宋敏求，《唐大詔令集》（台北：鼎文書局，民國 61 年 9 月初版），卷一二八，蕃夷，綏撫，鎮撫夷狄詔，頁 689。

〔註42〕見《舊唐書》，卷五十七〈劉文靜傳〉，頁 2292。餘參見本章註 22。

〔註43〕見《舊唐書》，卷一九四上〈突厥傳上〉，頁 5154。

〔註44〕參見《舊唐書》，卷六十〈宗室傳〉、〈襄武王琛傳〉，頁 2347。

〔註45〕見《資治通鑑》，卷一八六〈唐紀二〉，高祖武德元年九月條，頁 1567。

〔註46〕同註 43。另閱《資治通鑑》，卷一九〇〈唐紀六〉，高祖武德五年三月條，頁 1601。

〔註47〕見《舊唐書》，卷六十二〈鄭元璹傳〉，頁 2380。另參見《資治通鑑》，卷一九〇〈唐紀六〉，高祖五年九月條，頁 1603。由鄭元璹言知，唐、突維持和平關係，利益入於可汗，此正可解釋朝貢與入侵有時竟然同時發生。另參考蕭啟慶，〈北亞遊牧民族南侵各種原因的檢討〉，《食貨月刊復刊》第一卷第十二期，民國 61 年 3 月，頁 609～619。

圖七：唐武德二年黃河以北群雄割據圖

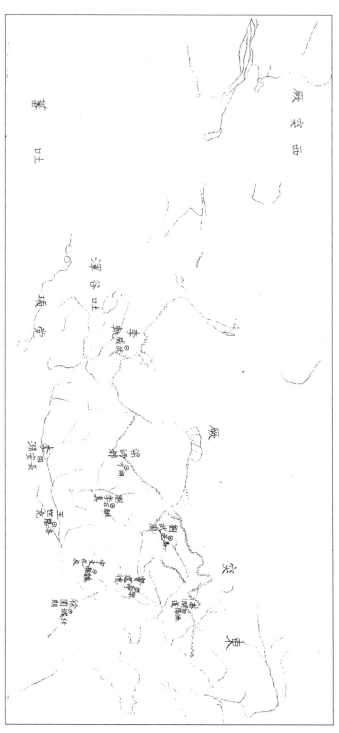

武德九年（626）八月，突厥以唐新有內難，舉國入寇，達于渭水便橋之北，太宗傾府藏以賂之，頡利乃退〔註48〕。太宗受此刺激，於突厥退後不顧群臣反對，引諸衛騎兵統將，習射於顯德殿庭，以滅突厥爲職志。

（二）離強合弱

唐對付東突厥，以兩策略同時進行：(1)聯合突厥強鄰以牽制之；(2)對突厥內部進行分化。

武德四年（621）之後，頡利初立，承父兄之蔭，兵馬強盛，有憑陵中國之志，連年入寇。時西突厥統葉護可汗在位，亦盛極一時，「高祖厚加撫結，與之并力以圖北蕃，統葉護許以五年冬。大軍將發，頡利可汗聞之大懼，復與統葉護通和，無相征伐。」〔註49〕

武德七年（624）八月，頡利、突利二可汗舉國入寇，世民以「香火之情」分化之。突利因自託於世民，願結爲兄弟；太宗亦以恩義撫之，與盟而去〔註50〕，此事成爲貞觀三年突利降唐的張本。

武德八年（625）四月，西突厥統葉護可汗遣使來請婚，高祖謂侍臣曰：「西突厥去我懸遠，急疾不相得力，今請婚，其計安在？」封德彝對曰：「當今之務，莫若遠交而近攻，正可權許其婚，以威北狄。待之數年後，中國盛全，徐思其宜。」高祖遂許之婚，令高平王道立至其國，統葉護大悅。遇頡利可汗頻歲入寇，西蕃路梗，由是未果爲婚。〔註51〕

貞觀元年（627）以後，東突厥頡利政亂，頻年大雪，部落多叛〔註52〕，漠北新興勢力——薛延陀酋帥夷男又攻破東突厥，於是頡利部諸姓多叛頡利，歸于夷男。時太宗方圖頡利，遣遊擊將軍喬師望從間道齎冊書拜夷男爲眞珠毗伽可汗，賜以鼓纛。夷男大喜，遣使貢方物，復建牙於大漠之北鬱督軍山下。漠北諸大部落，如迴紇、拔野古、阿跌、同羅、僕骨、霫等，皆臣屬於薛延陀〔註53〕。唐與薛延陀建立的主從關係，對東突厥造成了南北夾擊

〔註48〕參見《舊唐書》，卷二〈太宗本紀〉，頁30。關於渭水之役，李樹桐有詳贍的考釋。參見李樹桐，《唐太宗渭水之恥本末考實》，收入《唐史考辨》（台北：台灣中華書局，民國68年2月台三版），頁214～246。
〔註49〕見《舊唐書》，卷一九四下〈突厥傳下〉，頁5181。
〔註50〕參見《舊唐書》，卷一九四上〈突厥傳上〉，頁5156、5160；及《資治通鑑》，卷一九一〈唐紀七〉，高祖武德七年八月條，頁1613。
〔註51〕同註49。
〔註52〕同註50，頁5158～5159。
〔註53〕參見《舊唐書》，卷一九九下〈北狄傳〉，鐵勒，頁5344。

的威脅，頡利只有在內外交逼的情況下，苟延殘喘了。

（三）強化戰備

兵與馬在古代是組成軍隊最重要的要素。武德八年（625）下詔復置十二軍，以對付突厥〔註54〕。太宗渭水之恥後更大事整軍，貞觀三年（629）簡點使右僕射封德彝等建議，中男年十八以上簡點入軍，勑三四出，魏徵執奏以為不可，最後太宗勉強從之〔註55〕，可見太宗之急於擴軍。

突厥之所以飄忽不定，連年抄寇，因其有馬，要對遊牧民族徹底的追亡逐北，必須有馬始能竟其功〔註56〕。李淵駐太原即是以禦突厥起家。隋末，李淵為對付突厥，「選善騎射者二千人，使之飲食、舍止一如突厥，或與突厥遇，則伺便擊之，前後屢捷。」〔註57〕故唐甚明在對突厥的戰爭中，馬有決定性的影響，因而對馬之索求殷切。唐高祖起兵，連年征戰，戰馬損失甚重，除了買馬和夷狄獻馬以外，還派人到北邊搶掠蠻馬〔註58〕。武德二年（619），高祖遣新興郡公趙文恪至并州與齊王元吉誘市邊馬以備軍用〔註59〕。太宗時，也曾遣使齎金銀，歷諸國市馬〔註60〕，及聞吐谷渾出良馬，遣段志玄率邊兵及契苾、党項之眾以擊之〔註61〕，目的也是在馬。這種搶馬、市馬的方式，究非長久之計，且在數量上不易控制，故唐之初起，即設有監牧之制。貞觀時，以三世養馬的太僕少卿張萬歲領群牧，自貞觀至麟德四十年間，馬增至七十萬六千匹〔註62〕。相對的，貞觀以後，東突厥連年大雪，羊馬多死，強弱易勢，故唐得一舉而平之。

〔註54〕 參見《資治通鑑》，卷一九一〈唐紀七〉，高祖武德八年四月條，載云：「初，上以天下大定，罷十二軍，既而突厥為寇不已。辛亥，復置十二軍，以太常卿竇誕等為將軍，簡練士卒，議大舉突厥。」頁1613，初置十二軍，可參考《舊唐書》，卷一。

〔註55〕 參見吳兢，《貞觀政要》（台北：台灣中華書局，民國51年5月台一版），卷二，頁37。

〔註56〕 馬在軍事上之功用，可參見李樹桐，〈唐代之軍事與馬〉，《國立台灣師範大學歷史學報》第二期（民國63年2月），頁13～45。

〔註57〕 見《資治通鑑》，卷一八三〈隋紀七〉，煬帝大業十二年十二月條，頁1541。

〔註58〕 參見吳平，〈唐初突厥兵在中國行為之臆測〉，《書目季刊》第九卷第一期（民國64年6月），頁69～72。

〔註59〕 參見《新唐書》，卷八十九〈趙文恪傳〉，頁3740。

〔註60〕 參見《舊唐書》，卷七十一〈魏徵傳〉，頁2559。

〔註61〕 《舊唐書》，卷一九八〈西戎傳〉，吐谷渾，頁5298。

〔註62〕 參見《新唐書》，卷五十〈兵志〉，頁1337；《資治通鑑》，卷二一二〈唐紀二十八〉，玄宗開元十三年十一月條，頁1817。

（四）鞏固邊防

唐初，爲防突厥寇邊，往往於邊鎮派遣能征慣戰的將領駐守，以防守突厥入寇。

武德中，以素習邊事的楊恭仁爲涼州總管〔註63〕，以智勇之將劉世讓駐崞城〔註64〕，以馬邑降將高滿政爲朔州總管守馬邑〔註65〕。此外，常以皇子統兵擊突厥。貞觀元年（627），以能守邊的江夏王道宗爲靈州都督〔註66〕，以竇靜爲夏州都督〔註67〕，以張公謹爲代州都督。〔註68〕

突厥屢爲邊患，師旅歲興，軍糧不繼，於是竇靜、張公謹、張儉等建議屯田以省餽運，並行和糴，邊軍大收其利〔註69〕。除此之外，高祖還命州縣修城隍以備突厥〔註70〕。武德九年九月（626）渭水之役，突厥退後，太宗下詔修緣邊障塞云：

> 自隋氏季年，中夏喪亂，黔黎凋盡，州域空盂。突厥因之，侵犯疆場，乘間幸釁，深入長驅，寇暴滋甚，莫能禦制。皇運已來，東西征伐，兵車屢出，未遑北討，遂令胡馬再入，至于涇渭，蹂踐禾稼，駭懼居民，喪失既多，虧廢生業。……而凶狡不息，驅侵未已，御以長筭，利在修邊，其北道諸州，所置城寨，粗已周遍，未能備悉。今約以和通，雖云疲寇，然蕃情難測，更事修葺，咸曰宜之。……〔註71〕

從這道詔書中，正可看出唐初情勢窘迫，不得不以修障塞來限突厥馬足，經過四年的努力，終於繫虜頡利。

四、平頡利及其善後處理

遊牧民族的經濟基礎是牲畜，政治組織呈部落型態。貞觀元年以來，東

〔註63〕參見《舊唐書》，卷六十二〈楊恭仁傳〉，頁2382；另《冊府元龜》，卷三六五，將帥部，機略五，頁4350，云楊恭仁爲梁州總管，誤也，當爲涼州。

〔註64〕參見《舊唐書》，卷六十九〈劉世讓傳〉，頁2523。世讓累轉并州總管，統兵屯於雁門。出鎮崞城之後，突厥懼其威名，縱反間，高祖殺之。

〔註65〕參見《資治通鑑》，卷一九○〈唐紀六〉，高祖武德六年六月條，頁1606。

〔註66〕參見《舊唐書》，卷六十〈宗室傳〉，頁2354。

〔註67〕參見《舊唐書》，卷六十一〈竇靜傳〉，頁2369。

〔註68〕參見《舊唐書》，卷六十八〈張公謹傳〉，頁2507。

〔註69〕參見《舊唐書》，卷八十三〈張儉傳〉，頁2775。

〔註70〕參見《舊唐書》，卷一〈高祖本紀〉，頁16。

〔註71〕見《唐大詔令集》，卷一○七〈政事〉、〈備禦〉、〈修緣邊障塞詔〉，頁552。

突厥「頻年大雪，六畜多死，國中大餒，頡利用度不給，復重斂諸部，由是下不堪命，內外多叛之。」又加上「頡利每委任諸胡，疏遠族類，胡人貪冒，性多翻覆，以故法令滋彰，兵革歲動，國人患之，諸部攜貳。」〔註72〕太宗趁此機會，內外佈置停妥之後，以頡利請和復援梁師都爲由，貞觀三年（629）十一月以兵部尚書李靖、代州都督張公謹出定襄道（山西平魯縣西北）、并州都督李勣、右武衛將軍丘行恭出通漢道、左武衛大將軍柴紹出金河道（綏遠清水河縣）、衛孝節出恒安道、薛萬徹出暢武道，五路出兵討伐東突厥。十二月突利可汗及郁射設、蔭奈特勤等並率所部降唐。四年（630）正月，李靖進屯惡陽嶺（今和林格爾縣南），夜襲定襄（今歸綏縣東），頡利驚擾，因徙牙於磧口（今固陽縣西北烏拉特中旗之東），胡酋康蘇密等遂以隋蕭后及楊政道來降。二月，頡利計窘，竄于鐵山（今固陽縣北），兵尚數萬，使執失思力入朝謝罪，請舉國內附。太宗遣鴻臚卿唐儉，將軍安修仁持節安撫，頡利稍自安。李靖乘間襲擊，大破頡利，遂滅其國。頡利乘千里馬，獨騎奔于從姪沙鉢羅部落。三月，行軍總管張寶相率眾奄至沙鉢羅營，生擒頡利，送于京師，太宗數其罪而原之。〔註73〕

強極一時的東突厥亡，漠北權力中心頓成眞空。「自是西北諸蕃咸請上尊號爲天可汗，於是降璽書冊命其君長，則兼稱之。」〔註74〕唐太宗遂成爲國際上的共同盟主。

頡利敗後，其部落或降薛延陀，或走西域，而來降者甚眾，詔議安邊之術，朝士如顏師古〔註75〕、李百藥〔註76〕、竇靜〔註77〕皆主分化政策，魏徵

〔註72〕見《舊唐書》，卷一九四上〈突厥上〉，頁5159。另張公謹上書言突厥可取者有六。（參見《舊唐書》，卷六十八〈張公謹傳〉，頁2507）

〔註73〕同註72。

〔註74〕參見《舊唐書》，卷三〈太宗本紀〉，頁39。羅香林云：「此天可汗，如遇各國間發生糾紛，則當爲之裁判解決，如遇有侵略人國者，即須調遣各國軍隊以抗拒之；其受侵之國亦得請天可汗予以援救或撫恤，各國兵亦得受徵至中國平亂。各國君主，如遇有死亡或缺失者，其嗣君繼位，亦必由天可汗下詔冊立之，以示承認。此與今日聯合國之作用，頗爲近似，特聯合國爲委員制組織，而此天可汗制度，則爲首長統率之組織也。」（見羅香林，〈唐代天可汗制度考〉，《新亞學報》第一期，1955年8月，頁209）

〔註75〕顏師古請分化之，置於河北（今河套北河以北地區）。參見董誥等，《欽定全唐文》（台南：經緯書局影印，民國54年6月版），卷一四七，頁1181，顏師古〈安置突厥議〉。

〔註76〕李百藥主張分化之，於定襄置都護府節度之。（參見董誥等，前引書，卷一四

〔註 78〕與溫彥博〔註 79〕更是爭辯不休。太宗終採溫彥博之議，於朔方之地，自幽州至靈州，置順州（僑治熱河朝陽縣南）、祐州（在今熱河承德市附近）、化州（疑在今宣化縣口外）、長州（張家口北正黃旗察哈爾旗地）四州都督府，又分頡利之地六州，左置定襄都督府，右置雲中都督府，以統其部眾。其酋長至者皆拜爲將軍、中郎將等官，布列朝庭，五品以上百餘人，因而入居長安者數千家〔註 80〕，至結社率之反，太宗始悔之。

　　頡利平後，朔塞空虛，薛延陀眞珠毗伽可汗夷男，率其部落東返故國，逼庭於都尉犍山北，獨邏河之南，其境東至室韋，西至金山，南至突厥，北臨瀚海，勝兵二十萬〔註 81〕，成爲塞北強國。太宗爲防衛漠北新兵的勢力，對破亡的突厥撫慰有加。隨即以突厥爲主力建立一條防線，以防胡騎南下。

　　貞觀四年（630）五月，辛未，以突利爲順州都督，使帥部落之官。五月壬申，以阿史那蘇尼失爲懷德郡王（僑治今熱河朝陽縣南），阿史那思摩爲懷化郡王，尋以思摩爲北開州都督，使統頡利舊眾。五月丁丑，以右武衛大將軍史大奈爲豐州（今鄂爾多斯右翼後旗）都督。六月，丁酉，以阿史那蘇尼失爲北寧州都督，以中郎將史善應爲北撫州都督，壬寅，以右驍衛將軍康蘇爲北安州都督（此三州與前之北開州，約在歸化西沿黃河北岸至銀川市一帶）〔註 82〕。八月，營州都督薛萬淑遣契丹酋長貪沒折，說諭東北諸夷，

　　　　二，頁 1812，李百藥，〈安置突厥議〉。）
〔註 77〕竇靜主張加以無妄之福，假以賢王之號，妻以宗室之女，並分化之，自可求保
　　　　邊塞，俾爲藩臣。（參見《舊唐書》，卷六十一〈竇靜傳〉，頁 2369～2370）
〔註 78〕魏徵主張遣還河北，居其故土，不可以內地居之，尤不可以河南處之。（參見
　　　　《舊唐書》，卷一九四上〈突厥上〉，頁 5162）
〔註 79〕溫彥博則請置於五原塞下，以實空虛之地，示無猜心。（見同前註）
〔註 80〕同註 79，頁 5163。太宗採溫彥博策，其理由可能有二：一是唐自始不重華夷
　　　　之別，太宗云：「自古（帝王）皆貴中華，賤夷狄，朕獨愛之如一，故其種落
　　　　皆依朕如父母。」（見《資治通鑑》，卷一九八〈唐紀十四〉，太宗貞觀二十一
　　　　年五月條，頁 1681）二是爲天子守邊，作爲唐與漠北新興的薛延陀的緩衝。
　　　　由於胡人大量入居長安，使得唐代中央胡化更深、更速。（參見任育才，〈突
　　　　厥之文化型態及其對唐代之影響〉，《文史學報》第二期，民國 61 年 5 月，頁
　　　　133～160）對太宗之大授降突厥官位，李大亮亦有反對之辭：「以中國之幣帛，
　　　　供積惡之兇虜，其眾益多，非中國之利也。」（見《舊唐書》，卷六十二〈李
　　　　大亮傳〉，頁 2389）
〔註 81〕參見《舊唐書》，卷一九九下〈北狄傳〉，鐵勒，頁 5244。
〔註 82〕參見《資治通鑑》，卷一九三〈唐紀九〉，太宗貞觀四年五月、六月條，頁
　　　　1635。

奚、霫、室韋等十餘部皆內附，薛延陀受東、南諸部落的牽制，不敢妄動。九月，伊吾城主入朝，以其地置西伊州〔註83〕，揭開了西進的序幕。（參見圖八）

第三節　天可汗時代的西域經營──初置四鎮

一、平吐谷渾──去西顧之憂

　　吐谷渾，居於甘、松之南，洮水之西，南極白蘭，北控河西走廊。武德時，曾利用吐谷渾力量以牽制據涼州的李軌。太宗即位，吐谷渾主伏允時而寇邊，時而請婚。伏允因年老昏耄，其邪臣天柱王惑亂之，拘唐行人鴻臚丞趙德楷。太宗頻遣使宣諭，使者十餘返，竟無悛心。東突厥已滅，北方防線已佈置完畢，西突厥又內亂，伊州已入唐手，於是太宗以此為由，於貞觀九年（635），詔特進李靖為西海道行軍大總管；兵部尚書侯君集為積石道行軍總管，任城王道宗為鄯州道行軍總管，淳州都督李大亮為且沫道行軍總管，岷州都督李道彥為赤水道行軍總管，利州刺史高甑生為鹽澤道行軍總管，并突厥、契苾之眾以擊吐谷渾，其討吐谷渾詔云：

　　　　近以吐谷渾恃其遐阻，屢擾疆場，肆行凶虐，種類乖離，爰命將士，
　　　　申茲弔伐。……〔註84〕

今觀其理由，實不算罪大惡極，其對唐之威脅亦遠不如東突厥來得嚴重。「通常一個國家的成長慾很強，內部發展至相當飽和程度，它的過剩生命力便要向外發展，將其附近的地區吸收進來，趨勢常是無限的。」〔註85〕況吐谷渾控唐通西域之道〔註86〕，又出良馬，唐取之更可為經營西域之重要資源。

　　此役，太宗志在必得，所遣皆當時名將，史載其戰爭情形：

　　　　靖等進至赤海，遇其天柱王部落，擊，大破之，遂歷于河源。李大
　　　　亮又俘其名王二十人，雜畜數萬，至且沫西境。或傳伏允西走，渡
　　　　圖倫磧，欲入于闐，將軍薛萬均率輕銳追奔，入磧數百里，及其餘

〔註83〕同前註引書，頁1636。
〔註84〕見《唐大詔令集》，卷一三〇〈蕃夷〉，討伐，討吐谷渾詔，頁702。
〔註85〕見陳民耿，《地緣政治學》（台北：華岡出版有限公司，民國65年10月三版），頁127。
〔註86〕參見嚴耕望，〈唐代河湟青海地區交通軍鎮圖考〉，《新亞學報》第十一卷（1976年3月），頁223～316。

圖八：唐太宗平東突厥後重佈北方防線圖

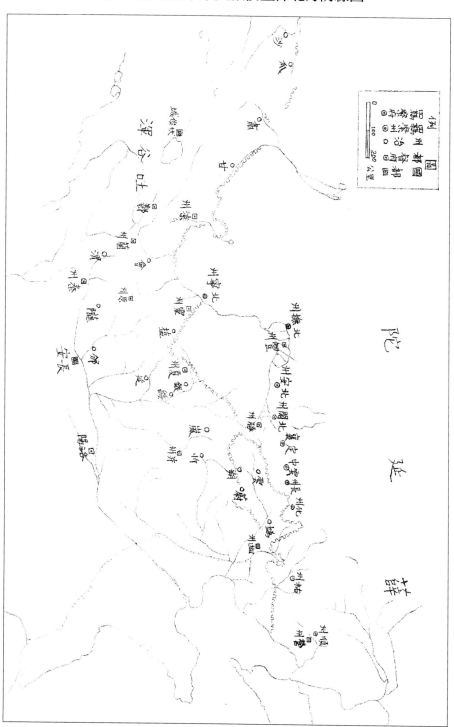

黨，破之。磧中乏水，將士皆刺馬血而飲之。侯君集與江夏王道宗趣南路，登漢哭山，飲馬烏海，獲其名王梁屈忽，經塗二千餘里空虛之地，盛夏降霜，多積雪，其地乏水草，將士噉冰，馬皆食雪。又達于柏梁，北望積石山，觀河源之所出焉。兩軍會於大非川，至破邏貞谷，伏允子大寧王順窮蹙，斬其國相天柱王，舉國來降。伏允大懼，與千餘騎遁于磧中，眾稍亡散，能屬之者纔百餘騎，乃自縊而死。國人乃立順爲可汗，稱臣內附。」〔註87〕

吐谷渾平，通往西域之路無阻，太宗更可放手的經營西域。

二、滅高昌——奠西進之基

高昌國（今吐魯番），物產豐饒，自古爲遊牧民族南下控制南疆的重要孔道之一，亦爲漢民族經營西域的重要補給站之一。因綠洲國特徵是小國寡民，往往依附於遊牧強權，雙方成了共生關係。但由於生活方式的不同，遊牧民族對之只是控制而不是佔有。西突厥自貞觀二年（628）統葉護可汗爲其伯父所殺以來，內亂不斷，但西突厥的勢力仍足以控制西域。〔註88〕

太宗，貞觀四年（630）高昌王麴文泰親自來朝，太宗賞賜甚厚，然高昌仍臣於西突厥，時西戎諸國來朝貢者皆途經高昌，此後高昌壅絕朝唐使者。貞觀六年（632），焉耆王遣使貢方物，復請開大磧路〔註89〕，以便行李，太宗許之。高昌大怒，遣兵擊焉耆。十二年（638）西突厥處密、處月部落與高昌攻陷焉耆五城，掠男女一千五百人，焚其廬舍而去〔註90〕。又與西突厥共擊伊吾，太宗下詔書切責，徵其大臣冠軍將軍阿史那矩入朝，文泰不遣。初，大業之亂，中國人多投於突厥，及頡利敗，或有奔高昌者，文泰皆拘留不遣。太宗詔令括送，文泰尙隱蔽之。又尋與西突厥乙毗設擊破焉耆三城，虜其男女而去，焉耆遣使上訴於唐。

〔註87〕見《舊唐書》，卷一九八〈西戎傳〉，吐谷渾，頁5299。

〔註88〕參見《舊唐書》，卷一九四下〈突厥下〉，頁5182～5184。如沙鉢羅咥利失可汗（貞觀八年冊立之）時，咥利失統伊利河以東，乙毗咄陸可汗統伊利河以西。自厥越失、拔悉彌、駮馬、結骨、火燖、觸木昆諸國皆臣之。

〔註89〕參見《舊唐書》，卷一九八〈西戎傳〉，焉耆國，頁5301。所謂大磧道由陽關向西，經鄯善、山國、尉犁至焉耆、龜茲，約行今羅布泊之北，沿庫穆河（庫魯克河）孔雀河而上至尉犁，達焉耆、庫車者。（參見嚴耕望，〈唐代涼州西通安西道驛程考〉，《中央研究院歷史語言研究所集刊》第四十三本，民國60年，頁385）此道一開，貿易路線將不經高昌，故文泰遣兵擊之也。

〔註90〕同註89。

　　貞觀十三年（639）三月「薛延陀可汗遣使上言『奴受恩思報，請發所部
為軍導以擊高昌。』上遣民部尚書唐儉、右領軍大將軍執失思力齎繒帛賜薛
延陀，與謀進取。」〔註91〕唐與北方的薛延陀取得默契後，打算在第二年討
高昌，而麴文泰亦與西突厥欲谷設通和，遺其金帛，約有急相表裏〔註92〕。
文泰有恃無恐，故云：「鷹飛于天，雉竄于蒿，貓遊于堂，鼠安于穴，各得其
所，豈不活耶？」又云：「吾往者朝覲，見秦、隴之北，城邑蕭條，非復有隋
之比。設今伐我，發兵多則糧運不給，若發三萬以下，吾能制之，加以磧路
艱險，自然疲頓，吾以逸待勞，坐收其弊，何足為憂也？」〔註93〕

　　貞觀十三年（639）十二月下詔討高昌〔註94〕，乃命吏部尚書侯君集為交
河道大總管，率左屯衛大將軍薛萬均及突厥、契苾之眾，步騎數萬眾，以擊
高昌。文泰聞唐師臨磧口，惶駭，計無所出，發病而死，子智盛立。先是，
文泰與西突厥可汗相結，約有急相助；可汗遣其葉護屯可汗浮圖城（今濟木
薩）為文泰聲援。及君集至，可汗懼而西走千餘里，葉護以城降。智盛窮蹙，
乃出降。貞觀十四年九月，以其地為西州，以可汗浮圖城為庭州，各置屬縣。
乙卯，置安西都護府於交河城，留兵鎮守。〔註95〕

　　高昌之平，唐的西域經營向前推展了一大步，控制了通西域與溝通天山
南北麓的咽喉。庭州之設更使得唐的勢力向北疆草原開拓，南、北二路直接
與西突厥爭中亞霸權。安西都護府更是唐代經營西域的大本營。

三、滅薛延陀──北荒悉平

　　東突厥亡，太宗採溫彥博之議，處其餘眾於河南地，不嚴夷夏之防。貞
觀十三年（639）結社率（突利可汗之弟）反，太宗方悔不用魏徵之言〔註96〕。
又言者多云處突厥於中國，殊屬非便，乃徙於河北。

　　貞觀十三年（639）秋七月，庚戌，詔右武侯大將軍、化州都督、懷化郡

〔註91〕見《資治通鑑》，卷一九五〈唐紀十一〉，太宗貞觀十三年三月條，頁1654。
〔註92〕同註89，頁5296。
〔註93〕同註89，頁5295。
〔註94〕討高昌王麴文泰詔，參見《唐大詔令集》，卷一三○〈蕃夷〉，討伐，頁702
　　　　～703。
〔註95〕參見《資治通鑑》，卷一九五〈唐紀十一〉，太宗貞觀十四年八月條，頁1656。
　　　　並參考王仲孚，〈初唐的西域經營與安西都護府〉，《國立台灣師範大學歷史學
　　　　報》第三期（民國64年2月），頁247～278。
〔註96〕參見《舊唐書》，卷一九四上〈突厥上〉，頁5162；及參見《資治通鑑》，卷一
　　　　九五〈唐紀十一〉，太宗貞觀十三年六月條，頁1655。

王李思摩爲乙彌泥孰俟利苾可汗，賜之鼓纛，突厥及胡在諸州安置者，並令渡河，還其舊部，俾世作藩屏，長保邊塞〔註97〕。及將徙於白道之北，思摩等咸憚薛延陀，不肯出塞。太宗遣司農卿郭嗣本賜薛延陀璽書云：「爾在磧北，突厥居磧南，各守土境，鎮撫部落，若其踰越，故相抄掠，我即將兵各問其罪。」〔註98〕

至貞觀十五年（641）正月乙亥，突厥俟利苾可汗始帥部落渡河，建牙於故定襄城（在朔州馬邑馬三百里許），仍奏云：「臣非份蒙恩，爲部落之長，願子子孫孫爲國家一犬，守吠北門，若薛延陀侵逼，請從家屬入長城。」詔許之。〔註99〕

薛延陀聞太宗遣思摩渡河而北，慮其部落翻附磧北，預蓄輕騎，伺至而擊之。貞觀十五年（641），太宗幸洛陽，將有事於太山，夷男謀於其國曰：「天子封太山，萬國必會，士馬皆集，邊境空虛，我於此時取思摩，如拉朽耳。」〔註100〕因命其子大度設勒兵二十萬，屯白道川，據善陽嶺（今馬邑附近），以擊思摩之部。思摩遣使請救，詔李勣、薛萬徹率兵騎數萬赴之，大破大度設，夷男因請與突厥和，并遣使謝罪。〔註101〕

貞觀十九年（645）太宗親征高麗，「謂薛延陀使人曰：『語爾可汗，我父子並東征高麗，汝若能寇邊者，但當來也。』夷男遣使致謝，復請發兵助軍，太宗答以優詔而止。其冬，太宗拔遼東諸城，破駐驆陣，而高麗莫離支潛令靺鞨誑惑夷男，啗以厚利，夷男氣懾，不敢動。」〔註102〕同年，夷男卒，其少子肆葉護拔灼襲殺其兄突利可汗而自立，是爲頡利俱利薛沙多彌可汗。是時，以太宗尚在遼東，多彌發兵寇河南（朔方、新秦之地），唐將執失思力擊破之，虜其眾數萬。未幾，多彌復發兵寇夏州，太宗遣江夏王道宗屯朔州，代州都督薛萬徹與左驍衛大將軍阿那社爾屯勝州，左武侯大將軍薩孤吳仁屯靈州，執失思力與突厥犄角塞下，多彌知有備，乃引去。多彌性偏急，馭下

〔註97〕見《資治通鑑》，卷一九五〈唐紀十一〉，太宗貞觀十三年六月條，頁1655。

〔註98〕見《舊唐書》，卷一九四上〈突厥傳上〉，頁5164。

〔註99〕參見《資治通鑑》，卷一九六〈唐紀十二〉，太宗貞觀十五年正月乙亥條，頁1659。

〔註100〕見《舊唐書》，卷一九九下〈北狄傳〉，鐵勒，頁5345。但同書〈太宗本紀〉載：「六月己酉，有星孛于太微，犯郎位，丙辰，停封泰山，避正殿以思咎，命尚食減膳。」

〔註101〕同註100。

〔註102〕同註100，頁5346。

無恩，多所殺戮，其下離心，尋爲回紇所殺，薛延陀諸部立眞珠毗伽可汗昆弟之子咄摩支，號爲伊特勿失可汗〔註103〕，鐵勒諸部仍臣屬於咄摩支。太宗恐其再爲邊患，遂於貞觀二十年（646）遣江夏王道宗、左衛大將軍阿史那社爾爲瀚海道安撫大使，右領軍大將軍執失思力領突厥兵、代州都督薛萬徹、營州都督張儉、右驍衛大將軍契苾何力各統所部兵分道並進，太宗親幸靈州爲諸軍聲援。既而道宗渡磧，遇薛延陀餘眾數萬來拒戰，道宗擊破之，斬首千餘級。薛萬徹又與回紇相遇，二將各遣使諭以綏懷之意，其酋帥見使者，皆頓顙歡呼，請入朝。太宗至靈州，其鐵勒諸部相繼至數千人，仍請列爲州縣，北荒悉平，置燕然都護以統之〔註104〕。貞觀二十一年（647）鐵勒諸酋長請於回紇以南、突厥以北，開一道，謂之參天可汗道，置六十六驛，以通北荒〔註105〕。自是漠北無強權，安定達三十年之久，於是太宗得以轉移其軍力，全力經營四鎮。

四、平焉耆

焉耆國（新疆焉耆縣治）亦爲南疆一綠洲國，居於中西交通要道上，因其國弱，常依違於唐、突厥兩大國之間。太宗貞觀中，西突厥內亂，焉耆遭池魚之殃〔註106〕。貞觀十四年（640）侯君集討高昌，遣使與之相結，焉耆王大喜，請爲聲援。及破高昌，其王詣軍門拜謁。焉耆人先爲高昌所虜者悉歸

〔註103〕 參見《新唐書》，卷二一七下〈回鶻傳下〉，頁 6138；《資治通鑑》，卷一九八〈唐紀十四〉，太宗貞觀十九年十二月條，頁 1677。

〔註104〕 同註 102，頁 5347～5349。薛延陀亡散殆盡，契苾、迴紇等十餘部落相繼歸國，太宗各因其土地，擇其部落，置爲州府：以迴紇部爲瀚海都督府，僕骨爲金微都督府，多覽葛爲燕然都督府，拔野古爲幽陵都督府，同羅部爲龜林都督府，思結部爲盧山都督府，渾部爲皋蘭州，斛薛部爲高闕州，奚結部爲雞鹿州，阿跌部爲雞田州，契苾部爲榆溪州，思結別部爲蹛林州，白霫部爲寘顏州，凡一十三州。拜其酋長爲都督、刺史，給玄金魚以爲符信，又置燕然都護以統之。

〔註105〕 參見范祖禹，《唐鑑》（台北：藝文印書館影印，百部叢書集成之九十五，金華叢書第九函），卷六〈太宗四〉，頁 4；及《舊唐書》，卷三〈太宗本紀〉，頁 60。

〔註106〕 貞觀六年，西突厥莫賀設與咄陸、弩失畢不協，奔于焉耆，咄陸復來攻之。六年，焉耆遣使言狀，并貢名馬。時西突厥國亂，太宗遣中郎將桑孝彥領左右胄曹韋弘機往安撫之，仍冊哇利失可汗。可汗既立，素善焉耆，令與焉耆爲援，十二年，處月、處密與高昌攻陷焉耆五城，掠男女一千五百人，焚其廬舍而去。（參見《舊唐書》，卷一九八〈西戎傳〉，焉耆國，頁 5301～5302）

之，由是遣使謝恩，并貢方物。

貞觀十八年（644），焉耆趁太宗將伐高麗，無暇西顧時，以女妻西突厥重臣屈利啜之弟，由是相爲唇齒，朝貢遂闕。安西都護郭孝恪請擊之，太宗許焉。會焉耆王弟頡鼻葉護兄弟三人來至西州，孝恪選步騎三千出銀山道，以頡鼻弟栗婆準爲嚮導，破其王都，虜其王龍突騎支。郭孝恪以栗婆準導軍有功，留攝焉耆國事，建立親唐政權。

初，西突厥屈利啜將兵來援焉耆，孝恪還師三日，屈利啜乃囚栗婆準，而西突厥處般啜令其吐屯來攝焉耆，遣使朝貢。太宗數之曰：「焉耆者，我兵擊得，汝何人輒來統攝。」吐屯懼而返國，焉耆又立栗婆準從父兄薛婆阿那支爲王。處般啜乃執栗婆準送於龜茲，後爲龜茲所殺。薛婆阿那支既得處般啜爲援，遂有國。及阿史那社爾之討龜茲，阿那支大懼，遂奔龜茲，保其東城，以禦唐軍，社爾擊擒之，數其罪而斬焉。求得阿那支從父弟先那準立爲王，自是朝貢不絕。〔註107〕

五、滅龜茲——初置四鎮

龜茲（今庫車）亦爲天山南麓大國之一。物產富饒，地位重要，爲兵家必爭之地。高祖、太宗時，龜茲常遣使入貢，然猶臣屬於西突厥。貞觀十八年（644）安西都護郭孝恪伐焉耆，龜茲遣兵援助，自是職貢頗闕。及訶黎布失畢立，更失藩臣禮。貞觀二十一年（647）十二月戊寅，以左驍衛大將軍阿史那社爾爲崑山道行軍大總管，與安西都護郭孝恪，司農卿楊弘禮率五將軍，又發鐵勒十三部兵十餘萬以伐龜茲。社爾分五軍掠其北，執焉耆王阿那支，龜茲大恐，酋長皆棄城走，社爾次磧口，去王城三百里。遣伊州刺史韓威率千餘騎爲前鋒，右驍衛將軍曹繼叔次之。至多褐城，龜茲王及其相那利、將羯獵顛等聚眾五萬以拒唐軍。韓威、曹繼叔合擊，大破之，龜茲王輕騎遁走，遂下其都城，以郭孝恪守之。又遣沙州刺史蘇海政、尚輦奉御薛萬備以精騎逼之，行六百里，其王窘急，退保于撥換城。社爾等進軍圍之，擒其王及大將軍羯獵顛等。其相那利僅以身免，潛引西突厥之眾并其國兵萬餘人，來襲孝恪，孝恪不以爲意，爲那利之眾所殺，唐軍大擾。倉部郎中崔義起與曹繼叔、韓威等擊之，那利敗走。尋爲龜茲人所執以降唐。前後破其大城五所，虜男女數萬口。社爾因立其王之弟葉護爲王，西域震駭，西突厥、于闐、安

〔註107〕參見《舊唐書》，卷一九八〈西戎傳〉，焉耆國，頁5302。

國爭饋駝馬軍糧，勒石紀功而旋。〔註108〕

初，龜茲既破，移置安西都護府於其國城，以郭孝恪爲都護，兼統于闐、疏勒、碎葉，謂之四鎮。〔註109〕

六、服疏勒

疏勒國（今疏附縣），爲南疆經葱嶺通西域的第一要站，亦臣屬於西突厥。貞觀九年（635）遣使朝於唐，並獻名馬，自是朝貢不絕。〔註110〕

七、威于闐

于闐國（今和闐縣），爲西域南道重鎮。臣于西突厥，其王姓尉遲氏，名屈密。貞觀六年（632）遣使獻玉帶，太宗優詔答之。十三年（639）又遣子入侍。及阿史那社爾伐龜茲，其王伏闍信大懼，使其子以駝馬萬三百匹饋軍。及將旋師，行軍長史薛萬備請於社爾曰：「今者既破龜茲，國威已振，請因此機，願以輕騎取于闐之王。」社爾乃遣萬備率五十騎抵于闐之國，萬備陳唐威靈，勸其入見天子，伏闍信於是隨萬備來朝〔註111〕。南疆諸國逐盡入於唐，唐代的西域經營更進一步。

八、平西突厥

武德時曾結西突厥統葉護可汗以制頡利。貞觀二年（628），統葉護可汗爲其伯父所殺，此後西突厥內亂不已。唐趁此機會，向西域開拓，以天可汗之威，建立親唐政權。貞觀七年（633）冊泥孰爲吞阿婁、拔悉利邲咄陸可汗。八年（634），泥孰卒，其弟同娥設立，是爲沙鉢羅咥利失可汗。俄而其國分爲十部，每部令一人統之，號爲十設。每設賜以一箭，故稱十箭。又分十箭爲左右廂。左廂號五咄陸部落，居碎葉以東；右廂號五弩失畢部落，居碎葉以西，自是都號爲十姓部落。

〔註108〕同註107，龜茲國，頁5303～5304；及《新唐書》，卷二二一上〈西域上〉，龜茲國，頁6231。《舊唐書》龜茲傳載貞觀二十年伐龜茲，本紀及《資治通鑑》、《新唐書》皆云貞觀二十一年，今從之。

〔註109〕關於安西四鎮之問題，請參閱第一章之註1。

〔註110〕參見《舊唐書》，卷一九八〈西戎傳〉，疏勒國，頁5305。另見《新唐書》，卷二二一上〈西域上〉，疏勒，頁6233。

〔註111〕參見《舊唐書》，卷一九八〈西戎傳〉，于闐國，頁5305；及《新唐書》，卷二二一上〈西域上〉，于闐，頁6235。《新唐書》云：社爾平龜茲，其王伏闍信大懼，使子獻橐駝三百，與《舊唐書》所載差萬頭之多。待考。

　　貞觀十二年（638），西部竟立欲谷設爲乙毗咄陸可汗。乙毗咄陸可汗既立，與咥利失大戰，兩軍多死，各引去。因與咥利失中分，自伊列河以西屬咄陸，以東屬咥利失。貞觀十三年（639），咥利失之吐屯俟利發與欲谷設通謀作難，咥利失窮蹙，奔拔汗那而死，弩失畢部落酋帥迎咥利失弟伽那之子薄布特勤而立之，是爲乙毗沙鉢羅葉護可汗。

　　乙毗沙鉢羅葉護可汗既立，建庭於雖合水北，謂之南庭。東以伊列水爲界，自龜茲、鄯善、且末、吐火羅、焉耆、石國、史國、何國、穆國、康國，皆受其節度。累遣使朝貢，太宗降璽書尉勉。後爲咄陸所殺。貞觀十五年（641），咄陸部下屋利啜等，謀廢咄陸，各遣使詣闕，請立可汗。太宗遣使齎璽書立莫賀咄乙毗可汗之子，是爲乙毗射匱可汗。此時太宗正積極向西域開拓，射匱可汗請賜婚，太宗許之，詔令割龜茲、于闐、疏勒、朱俱波、葱嶺等五國爲聘禮。

　　貞觀二十二年（648），平龜茲，以阿史那賀魯爲尼伏沙鉢羅葉護，賜以鼓纛，使招討西突厥之未服者。二十三年（649）二月丙戌，置瑤池都督府，以阿史那賀魯爲都督。永徽二年（651），阿史那賀魯與其子咥運率眾西遁，據咄陸可汗之地，總有西域諸部，建牙於雙河及千泉，自號沙鉢羅可汗，統攝咄陸、弩失畢十姓，勝兵數十萬，西域諸國亦多附焉。

　　賀魯尋立咥運爲莫賀咄葉護，數侵擾西蕃諸部，又進寇庭州，陷金嶺城、蒲類縣。永徽二年（651）七月詔梁建方、契苾何力率燕然都護所部迴紇五萬騎討之。十一月移安西都護府於高昌。顯慶二年（657）遣右屯衛將軍蘇定方，燕然都護任雅相，副都護蕭嗣業，左驍衛大將軍、瀚海都督迴紇婆閏等率師討賀魯。顯慶三年，大破之，分其種落置崑陵、濛池二都護府，其所役屬諸國，皆分置州縣，西盡于波斯，並隸安西都護府，復移安西都護府於龜茲國。以阿史那彌射爲興昔亡可汗，兼右衛大將軍、崑陵都護，分押賀魯下五咄陸部落；阿史那步眞授繼往絕可汗，兼右衛大將軍，濛池都護，仍分押五弩失畢部落〔註112〕。自是大唐的勢力遠達於碎葉以西。安西四鎮之得失關乎大唐之聲威，此後即是唐與吐番、西突厥對安西四鎮的爭奪戰。

_____

〔註112〕參見《舊唐書》，卷一九四下〈突厥下〉，頁 5181～5189；《新唐書》，卷二一五下〈突厥下〉，頁 6055～6063。賀魯滅，裂其地爲州縣，以處諸部：木昆部爲匐延都督府，突騎施索葛莫賀部爲嗢鹿都督府，突騎施阿利施部爲絜山都督府，胡祿屋闕爲鹽泊都督府，攝舍提暾部爲雙河都督府，鼠尼施處半部爲鷹娑都督府。

第四章　吐蕃東突厥交侵時期唐朝的艱苦奮鬥

第一節　來自西南方與北方的雙重壓力

在唐太宗積極的向東北〔註1〕、西北開拓時，位居西藏高原的吐蕃趁機發展，及唐再回頭注意到吐蕃時，吐蕃已成一股強大勢力，而開始了吐蕃與唐間兩百年的戰爭。

東突厥、薛延陀亡後，太宗仍用其以夷制夷之策，以降蕃守邊。到高宗時，北方諸蕃紛紛叛離，使得唐代的對外政策由積極進取一轉為保守退縮。

一、吐蕃的崛起

吐蕃勢力範圍約當今青康藏高原地區，為遊牧（山牧季移）與農耕並重的國家，在經濟上有遊牧民族的需求，在政治上，有領土野心。俗貴壯賤老，重兵死，惡病終。〔註2〕

貞觀八年（634），其贊普棄宗弄瓚始遣使朝貢。後聞突厥及吐谷渾皆尚公主，乃遣使求婚，太宗未之許。贊普以為是吐谷渾離間所致。於貞觀十二

〔註1〕唐代前期傾全力經營遼東，Fitzgerald, C. P. 認為：遼東，不但深受中國文化的影響，且一度成為中國的領土。沒有像北方、西方一樣的天然疆界，且因遼河及其支流的灌溉，很適合中國農人的耕作，正可為中國過擠的人口提供出路。（參見 Fitzgerald, C. P. *The Empress Wu*. Taipei, Rainbow-Bridge Book Co., Reprinted, 1968, pp.54~55.）

〔註2〕參見《舊唐書》，卷一九六上〈吐蕃傳上〉，頁5220。吐蕃之領士野心，在後來的幾次劃界上可看出。

年（638）八月發兵擊吐谷渾，吐谷渾不敵，遁於青海之北，民畜多爲吐蕃所掠。吐蕃進破党項、白蘭諸羌，帥眾二十餘萬屯於松州，云來迎公主。尋進攻松州，敗都督韓威；羌酋闊州刺史別叢臥施，諾州刺史把利並以州叛歸之。於是太宗遣侯君集、執失思力、牛進達、劉蘭率歲騎五萬擊之。弄瓚大懼，引兵而退，遣使謝罪，因復請婚，太宗許之。貞觀十五年（641）正月丁丑，命禮部尚書江夏王道宗持節送文成公主於吐蕃。於是棄宗弄瓚於政事、風俗、習慣等多有變革，國勢漸強。〔註3〕

　　貞觀二十二年（648），王玄策使往西域，爲中天竺所掠，吐蕃發精兵與玄策擊天竺，大破之，吐蕃遣使來獻捷，從此吐蕃的勢力伸入印度。高宗嗣位，授弄瓚爲駙馬都尉，封西海郡王，賜物二千段。永徽元年（650）弄瓚卒。子早卒，孫繼立，年幼，國事皆委祿東贊。祿東贊死，其子欽陵等，相次專其國政，繼續的向外擴張。

　　後吐蕃與吐谷渾不合，龍朔（661～663）、麟德（664～665）中遞相表奏，各論曲直，唐高宗未爲與奪。龍朔三年（663）吐谷渾之臣素和貴有罪，逃奔吐蕃，具言吐谷渾虛實。吐蕃兵擊吐谷渾，大破之。吐谷渾可汗曷諾鉢與弘化公主帥數千帳棄國走涼州，請徙居內地。時唐方致力於朝鮮半島之經營，高宗乃以涼州都督鄭仁泰爲青海道行軍大總管，帥獨孤卿雲、辛文陵等分屯涼、鄯二州，以備吐蕃。六月，以蘇定方爲安集大使，節度諸軍，爲吐谷渾之援。並遣左衛郎將劉文祥使於吐蕃，降璽書切責之。〔註4〕

　　麟德二年（665）三月，疏勒、弓月引吐蕃侵于闐，唐命西州都督崔知辯、左武衛將軍曹繼叔將兵救之〔註5〕。乾封元年（666）二月，吐蕃破生羌十二州，次年三月，詔罷生羌十二州〔註6〕。總章二年（669）九月丁丑，詔徙吐谷渾部落於涼州南山。議者恐吐蕃侵暴，吐谷渾不能自存，欲先發兵擊吐蕃。議久不決，而吐谷渾竟不果徙〔註7〕。咸亨元年（670）夏四月，吐蕃

〔註3〕　同註2，頁5221～5222；及《資治通鑑》，卷一九五〈唐紀十一〉，太宗貞觀十二年八月條，頁1652。有關吐蕃之種落、歷史、鄰國之征服，參閱王吉林，《唐代南詔與李唐關係之研究》（台北：私立東吳大學中國學術著作獎助委員會出版，民國65年7月出版），頁110～116。

〔註4〕　同註2，〈吐蕃傳上〉，頁5223；卷一九八〈西戎傳〉，吐谷渾，頁5300；《資治通鑑》，卷二〇一〈唐紀十七〉，高宗龍朔三年七月條，頁1705。

〔註5〕　參見《資治通鑑》，卷二〇一〈唐紀十七〉，高宗麟德二年三月條，頁1707。

〔註6〕　同前註引書，高宗乾封二年二月條，頁1709。

〔註7〕　同前註引書，高宗總章二年九月丁丑條，頁1711。

陷西域十八州，又與于闐襲陷龜茲撥換城。唐因罷龜茲、于闐、焉耆、疏勒四鎮。同月，辛亥，以右衛大將軍薛仁貴爲邏娑道行軍大總管，左衛員外阿史那道眞，左衛將軍郭待封副之，以討吐蕃，且援送吐谷渾還故地，冀建爲唐與吐蕃間的緩衝國。八月，因郭待封不聽薛仁貴節制，爲吐蕃所敗，仁貴退保大非川（今呼裕河），爲論欽陵所擊，大敗，死傷殆盡。仁貴、待封與阿史那道眞並脫身免，與欽陵約和而還〔註8〕。仁貴等並坐敗除名。吐谷渾舉國盡沒，唯慕容諾曷鉢及其親信數千帳來內屬。咸亨三年（672）二月庚午，徙吐谷渾於鄯州浩亹水南。吐谷渾畏吐蕃之強，不敢安居，又鄯州地狹，尋徙靈州，以其部落置安樂州，以可汗諾曷鉢爲刺史，吐谷渾故地皆入於吐蕃。自是吐蕃連歲寇邊，當、悉等州諸羌盡降吐蕃。〔註9〕（參見圖九）

　　大非川之役，唐的目的，在安西四鎮之恢復，及護送吐谷渾回故地。若唐軍勝利，唐在西方之威望，不僅仍可保持，且能發揚光大，創造更輝煌之偉業。但此役不幸失敗，使唐帝國聲威首遭鉅創，吐蕃取代唐帝國而成爲中亞新霸主。〔註10〕

二、東西突厥的叛亂

　　唐於討平西突厥阿史那賀魯後，以阿史那彌射爲崑陵都護，押五咄陸部落，阿史那步眞爲濛池都護，押五弩失畢部落。龍朔二年（662）十二月，令彌射、步眞率所部從颷海道大總管蘇海政討龜茲。步眞嘗欲併彌射部落，遂密告海政云：「彌射欲謀反，請以計誅之。」時海政兵纔數千，懸師在彌射境內，遂集軍而謀曰：「彌射若反，我輩即無噍類，今宜先舉事，則可克捷。」乃僞稱有敕，令大總管齎物數百萬段分賜可汗及諸首領。由是彌射率其麾下，隨例請物，海政盡收斬之。其鼠尼施、拔塞幹兩部亡走，海政與步眞追討，平之。軍還，至疏勒南，弓月部復引吐蕃之眾來，欲與唐兵戰；海政以師老不敢戰，以軍資賂吐蕃，約和而還。由是諸部落皆以彌射爲冤，各有離心。步眞尋卒，十姓無主，有阿史那都支及李遮匐收取餘眾，附於吐蕃〔註11〕。此時西突厥因蘇海政枉殺彌射而離心，降於吐蕃，不復臣於唐

〔註8〕同前註引書，高宗咸亨元年四月、八月條，頁 1712；關於四鎮問題，參見第一章之註1。

〔註9〕參見《舊唐書》，卷一九六上〈吐蕃傳上〉，頁 5223。

〔註10〕參見王吉林前引書，頁 123。

〔註11〕參見《舊唐書》，卷一九四下〈突厥傳下〉，頁 5189；《資治通鑑》，卷二〇一〈唐紀十七〉，高宗龍朔二年十一月條，頁 1704。

圖九：唐與東西突厥吐蕃關係位置圖

矣。龍朔三年（663）十二月壬寅，唐以安西都護高賢爲行軍總管，將兵擊弓月以救于闐〔註12〕。麟德二年（665）三月，疏勒、弓月引吐蕃侵于闐，敕西州都督崔知辯、左武衛將軍曹繼叔將兵救之〔註13〕。咸亨二年（671）四月甲申，以西突厥阿史那都支爲左驍衛大將軍兼匐廷都督，以安集五咄陸之眾。〔註14〕

先是，西突厥興昔亡可汗之世，諸部離散，弓月及阿悉吉皆叛。蘇定方之西討也，擒阿悉吉以歸。弓月南結吐蕃，北招咽麪，共攻疏勒，降之。咸亨四年（673）十二月高宗遣蕭嗣業發兵討之，嗣業兵未至，弓月懼，與疏勒皆入朝，高宗赦其罪，遣其歸國。〔註15〕

另在波斯之西，於隋末唐初，大食帝國興起。自西元 632 年回教教主穆罕默德死後不到百年之間，回教徒已占領了文明世界的三分之一。永徽二年（651）始遣使來唐。其後，東進日亟。龍朔元年（661），波斯王卑路斯奏言頻被大食侵擾，請兵救援。於是詔遣隴州南由縣令王名遠充使西域，因以其地疾陵城爲波斯都督府，授卑路斯爲都督〔註16〕。龍朔二年（662）春正月，立波斯都督爲波斯王〔註17〕龍朔三年（663），「大食擊波斯、拂菻，破之。南侵婆羅門，吞滅諸胡，勝兵四十餘萬。」〔註18〕這新興的大食帝國，對唐、吐蕃、突厥都是一大威脅，如何遠交近攻，又是此三強間的一大課題。

初，西突厥十姓可汗阿史那都支，及其別帥李遮匐與吐蕃連和，侵逼安西，朝議欲發兵討之。吏部侍郎裴行儉曰：「吐蕃爲寇，審禮覆沒。干戈未息，豈可復出師西方？今波斯王卒，其子泥洹師爲質在京師，宜遣使者送歸國，道過二虜，以便宜取之，可不血刃而擒也。」高宗從之。調露元年（679）六月，命行儉冊立波斯王，仍爲安撫大食使。行儉奏肅州刺史王方翼爲己副，仍令檢校安西都護。行儉至西州，計擒都支，遮匐亦降，於是囚都支、遮匐

〔註12〕《資治通鑑》，卷二〇一〈唐紀十七〉，高宗龍朔二年十一月條，頁 1706。
〔註13〕同註 5。
〔註14〕參見《資治通鑑》，卷二〇二〈唐紀十八〉，高宗咸亨二年四月條，頁 1713。
〔註15〕同註 14，高宗咸亨四年十二月條，頁 1714。
〔註16〕參見《舊唐書》，卷一九八〈西戎傳〉，波斯國，頁 5312。王名遠所置州縣，自于闐以西，波斯以東，凡十六國，以其王都爲都督府，以其屬部爲州縣。凡州八十八，縣百一十，軍、府百二十六。（參見《新唐書》，卷四十三下〈地理七下〉，頁 1135～1137）
〔註17〕參見《資治通鑑》，卷二〇〇〈唐紀十六〉，高宗龍朔二年正月條，頁 1702。
〔註18〕《資治通鑑》，卷二〇一〈唐紀十七〉，高宗龍朔三年十二月條，頁 1706。

以歸。遣波斯王自還其國。留王方翼，使築碎葉城。碎葉城四面十二門，爲屈曲隱出伏沒之狀〔註19〕。至此，西突厥與吐蕃聯合之勢，再遭粉碎。

東突厥自車鼻可汗在永徽元年（650）爲高侃所擒後，突厥達官盡爲封疆之臣，於是分置單于、瀚海二都護府以統攝之。此後三十年，北疆無事。

調露元年（679），單于管內突厥首領阿史德溫傅、奉職二部落相率反叛，立泥孰匐爲可汗，二十四州並叛應之。高宗遣蕭嗣業、花大智、李景嘉討之，反爲溫傅所敗。同年十一月，以文武兼資的裴行儉統兵三十餘萬，討伐突厥。永隆元年（680）三月，大破突厥於黑山，擒其酋長奉職，可汗泥熟匐爲其下所殺，以其首降唐。裴行儉軍甫還，突厥阿史那伏念復自立爲可汗，與阿史德溫傅連兵爲寇。開耀元年（681）正月癸巳，以裴行儉爲定襄道大總管，以曹懷舜、李文暕爲副，出兵討之。伏念窘急，乃縛溫傅來降。行儉盡平突厥餘黨。永淳元年（682）十二月，突厥餘黨阿史那骨咄祿招合殘眾，據黑沙城，入寇并州〔註20〕。此後東突厥盛極一時，縱橫北亞草原達六十年之久，對唐帝國造成極大的困擾。

第二節　吐蕃的擴張與突厥的實力封鎖

一、吐蕃的擴張

吐蕃自大非川之役後，取代了唐在中亞的地位，西域諸國、諸部落轉而與吐蕃聯合，以求自保。《資治通鑑》載云：

> 咸亨四年（673）十二月丙午，弓月、疏勒二王來降。西突厥興昔亡可汗之世，諸部離散，弓月及阿悉吉皆叛。蘇定方之西討也，擒阿悉吉以歸。弓月南結吐蕃，北招咽麪，共攻疏勒，降之。上遣鴻臚卿蕭嗣業發兵討之。嗣業兵未至，弓月懼，與疏勒皆入朝，上赦其罪，遣歸國。〔註21〕

而唐爲免吐蕃與西突厥的進一步勾結，於上元年（675）正月，因于闐王有擊

〔註19〕參見《資治通鑑》，卷二〇二〈唐紀十八〉，高宗調露元年六月條，頁 1719；另見《舊唐書》，卷八十四〈裴行儉傳〉，頁 2802～2803。

〔註20〕參見《舊唐書》，卷一九四上〈突厥傳上〉，頁 5166～5167；《資治通鑑》，卷二〇二〈唐紀十八〉，高宗開耀元年正～五月條，頁 1721；《舊唐書》，卷八十四〈裴行儉傳〉，頁 2801～2806。

〔註21〕見《資治通鑑》，卷二〇二〈唐紀十八〉，高宗咸亨四年十二月條，頁 1714。

吐蕃功，乃於于闐置毗沙都督府，分其境內爲十州，以其王尉遲伏闍雄爲毗沙都督。〔註22〕

吐蕃自論欽陵當國，兄弟專統兵馬，欽陵居中用事，諸弟分據方面，贊婆則專在東境與中國爲鄰，三十餘年間常爲邊患。唐帝國亦不甘示弱，尤其在上元三年之後，武后實際掌握政權，往往對入侵的吐蕃予以迎頭痛擊，只是守邊迎擊而已，始終未能深入其心腹，掃穴犁庭。

儀鳳元年（676）閏三月，吐蕃寇鄯、廓、河、芳等州，唐敕左監門衛中郎將令狐智通發興、鳳等州兵以禦之。同月乙酉，以洛州牧周王顯爲洮州道行軍元帥，將工部尚書劉審禮等十二總管，并州大都督相王輪爲涼州道行軍元帥，將左衛大將契苾何力等，進討吐蕃。二王皆不行，皆掛名而已。儀鳳二年（677）五月，吐蕃寇扶州之臨河鎮，擒鎮將杜孝昇，令齎書說松州都督武居寂使降，孝昇固執不從。吐蕃軍還，捨孝昇而去，孝昇復帥餘眾拒守。

儀鳳二年（677）秋八月，唐命劉仁軌鎮洮河軍（鄯州城內）。十二月，乙卯，詔大發兵討吐蕃。先是，劉仁軌鎮洮河，每有奏請，多爲李敬玄所抑，由是怨之。仁軌知敬玄非將帥才，欲中傷之，奏言：「西邊鎮守，非敬玄不可。」敬玄固辭，高宗曰：「仁軌須朕，朕亦自往，卿安得辭？」丙子，以敬玄代仁軌爲洮河道大總管兼安撫大使，仍檢校鄯州都督。儀鳳三年（678）七月，李敬玄奏破吐蕃於龍支。九月丙寅，李敬玄將兵十八萬與吐蕃將論欽陵戰於青海之上，兵敗，工部尚書、右衛大將軍彭城僖公劉審禮爲吐蕃所擄，敬玄聞審禮戰沒，狼狽還走，頓於承風嶺，阻泥溝以自固，吐蕃屯兵高岡以壓之。左領軍員外將軍黑齒常之，夜帥敢死之士五百人，襲擊吐蕃，吐蕃潰亂，其將跋地設引兵遁去，敬玄乃收餘眾還鄯州。坐改爲衡州刺史，往劍南募兵，於茂州之西南，築安戎城以壓吐蕃之境。俄有生羌爲吐蕃嚮導，攻陷安戎城，吐蕃遂引兵守之。時吐蕃盡收羊同、党項及諸羌之地，東與涼、松、茂、嶲等州相接，南至婆羅門，西又攻陷龜茲、疏勒等四鎮，北抵突厥，地方萬餘里，自漢魏以來，西戎之盛，未之有也。當李敬玄西征，監察御史原武婁師德應猛士詔從軍，及敗，師德收集亡散，軍乃復振，因命使于吐蕃。吐蕃將論贊婆迎之赤嶺。師德宣高宗旨意，諭以禍福，贊婆甚悅，爲之數年不犯邊。於是遷師德爲殿中侍御史，充河源軍司馬，兼知營田

〔註22〕司馬光，前引書同卷高宗上元二年正月條，頁1715；及《舊唐書》，卷五〈高宗本紀下〉，頁100。

事。〔註23〕

　　高宗以吐蕃數入侵，悉召侍臣謀之，或欲和親以息民；或欲嚴設守備，俟公私富實而討之，或欲亟發兵擊之。「郭正一對曰：『吐蕃作梗，年歲已深，命將興師，相繼不絕，空勞士馬，虛費糧儲，近討則徒損兵威，深入則未窮巢穴。臣望少發兵募，且遣備邊，明立烽候，勿令侵擾。伺國用豐足，人心叶同，寬之數年，可一舉而滅。』給事中劉齊賢、皇甫文亮等亦以嚴守爲便。」帝納之〔註24〕。時因西突厥十姓可汗阿史那都支及其別帥李遮匐連和，侵逼安西，北方東突厥復叛，唐只好對吐蕃暫採守勢。

　　高宗開耀元年（681）五月，乙丑，河源道經略大使黑齒常之將兵擊吐蕃論贊婆於良非川，破之，收其糧畜而還。常之以河源軍正當賊衝，欲加兵鎮守，恐有運轉之費，遂遠置烽戍七十餘所，計開營田五千餘頃，歲收百餘萬石。常之在軍七年，吐蕃深畏之，不敢犯邊。〔註25〕

　　高宗永淳元年（682）吐蕃將論欽陵寇柘、松、翼等州，詔左驍衛都郎將李孝逸、右衛郎將衛蒲山，發秦、渭等州兵分道禦之。同年，吐蕃入寇河源軍，軍使婁師德將兵擊之於白水澗，八戰皆捷。〔註26〕

　　高宗崩，武后更積極行其討伐政策。永昌元年（689）五月，丙辰，命文昌右相韋待價爲安息道行軍大總管，擊吐蕃，「七月至寅識迦河（當在弓月西南），與吐蕃戰，大敗。待價既無將領之才，狼狽失據，士卒凍餒，死亡甚眾，乃引軍還。太后大怒，丙子，待價除名，流繡州，斬副大總管安西大都護閻溫古。安西副都護唐休璟收其餘眾，撫安西土，太后以休璟爲西州都督。」〔註27〕天授二年（691），岑長倩以忤諸武意，乃令其西征吐蕃，充武

〔註23〕　見《資治通鑑》，卷二〇二〈唐紀十八〉，高宗儀鳳元年三月條、儀鳳二年五月條、儀鳳三年正月條、九月條，頁1716～1718；及《舊唐書》，卷九十三〈婁師德傳〉，頁2975、卷一〇九〈黑齒常之傳〉，頁3294～3295、卷八十一〈李敬玄傳〉，頁2754～2756、卷八十四〈劉仁軌傳〉，頁2795、卷一九六上〈吐蕃傳上〉，頁5224。

〔註24〕　見《舊唐書》，卷一九〇中〈郭正一傳〉，頁5010；另參見《新唐書》，卷一〇六〈郭正一傳〉，頁4042。

〔註25〕　《資治通鑑》，卷二〇二〈唐紀十八〉，高宗開耀元年五月條，頁1721；《舊唐書》，卷一九六上〈吐蕃傳上〉，頁5224、卷一〇九〈黑齒常之傳〉，頁3295。

〔註26〕　參見《資治通鑑》，卷二〇三〈唐紀十九〉，高宗永淳元年條，頁1724。

〔註27〕　參見《資治通鑑》，卷二〇四〈唐紀二十〉，則天后永昌元年五月、七月條，頁1736～1737；《舊唐書》，卷一九六上〈吐蕃傳上〉，頁5225；《舊唐書》，卷七十七〈韋待價傳〉，頁2672。

威道行軍大總管。長倩素非將才，中路召還，下制獄，誅死〔註28〕。如意元年（692），吐蕃大首領曷蘇率其所屬並貴川部落請降，則天令右玉鈐衛大將軍張玄遇，率精卒二萬充安撫使以納之。師次大渡水，曷蘇事洩，爲吐蕃所擒。又有大首領昝捶率羌蠻部落八千餘人詣玄遇內附，玄遇以其部落置葉川州，以昝捶爲刺史，仍於大度西山勒石紀功而還。〔註29〕

長壽元年（692）王孝傑擊吐蕃，大破之，收復安西四鎮，史載：

> 初，新豐王孝傑從劉審禮擊吐蕃，爲副總管，與審禮皆沒於吐蕃，贊普見孝傑，泣曰：「貌類吾父。」厚禮之，後竟得歸，累遷右鷹揚衛將軍。孝傑久在吐蕃，知其虛實。會西州都督唐休璟請復取龜茲、于闐、疏勒、碎葉四鎮。敕以孝傑爲武威軍總管，與武衛大將軍阿史那忠節將兵擊吐蕃。冬十月，丙戌，大破吐蕃，復取四鎮。置安西都護府於龜茲，發兵戍之。〔註30〕

四鎮既復，則天大悅，謂侍臣曰：「昔貞觀中具綾得此蕃城，其後西陲不守，並陷吐蕃。今既復於舊，邊境自然無事。」〔註31〕

二、東突厥的復興

（一）對唐的威脅

東突厥阿史那伏念於高宗開耀元年（681），爲裴行儉所擒後，頡利疏屬阿史那骨咄祿鳩集亡散，入總材山，聚爲群盜。又抄掠九姓，得羊馬甚多，漸至強盛，乃自立爲可汗，以其弟默啜爲殺，咄悉匐爲葉護。永淳元年（682）十月，骨咄祿入寇并州及單于都護府之北境，原在單于檢校降戶部落之阿史德元珍，叛歸骨咄祿，骨咄祿大喜，立爲阿波達干，令專統兵馬事。此後骨咄祿常在唐沿邊寇略（詳見表四），而唐亦屢予反擊，互有勝負。〔註32〕

〔註28〕 參見《舊唐書》，卷七十〈岑長倩傳〉，頁 2539；《資治通鑑》，卷二○四〈唐紀二十〉，則天后天授二年五月條，頁 1740。

〔註29〕 參見《舊唐書》，卷一九六上〈吐蕃傳上〉，頁 5225；《資治通鑑》，卷二○五〈唐紀二十一〉，則天長壽元年五月條，頁 1743。《舊唐書》、《新唐書》皆載置葉川州，而《資治通鑑》載萊川州，今從《新唐書》。

〔註30〕 參見《資治通鑑》，卷二○五〈唐紀二十一〉，則天長壽元年十月條，頁 1744；另參見《舊唐書》，卷九十三〈王孝傑傳〉，頁 2977；同書，卷一九六上〈吐蕃傳〉，頁 5225。

〔註31〕 參見《舊唐書》，卷九十三〈王孝傑傳〉，頁 2977。

〔註32〕 參見《舊唐書》，卷一九四上〈突厥傳上〉，頁 5167；《資治通鑑》，卷二○三〈唐紀十九〉，高宗永淳元年條、永淳二年二月條，頁 1724。

表四：唐突厥交戰表（679～716）

時　　間	經　　　　　過
調露元年（679）十月	單于大都護府突厥阿史德溫傅、奉職二部俱反，立阿史那泥熟匐爲可汗，二十四州酋長皆叛應之。唐遣蕭嗣業、花大智、李景嘉等討之，爲所敗。
調露元年（679）十月	突厥寇定州，刺史霍王元軌命開門偃旗，虜疑有伏，懼而宵遁。
調露元年（679）十月壬子	突厥扇誘奚、契丹侵掠營州，都督周道務遣戶曹始平唐休璟將兵擊破之。
調露元年（679）十一月甲辰	唐以裴行儉爲定襄道行軍大總管，將兵十八萬，并西軍檢校豐州都督程務挺、東軍幽州都督李文暕，總三十餘萬以討突厥。
調露二年（680）三月	裴行儉大破突厥於黑山，擒其酋長奉職；可汗泥熟匐爲其下所殺，以其首來降。
調露二年（680）七月	突厥餘眾圍雲州，代州都督竇懷悊，右領軍中郎將程務挺將兵擊破之。
永隆二年（681）正月	突厥寇原、慶等州，乙亥，遣右衛將軍李知十等屯涇、慶二州以備突厥。
永隆二年（681）正月癸巳	以裴行儉爲定襄道大總管，以右武衛將軍曹懷舜、幽州都督李文暕爲副，將兵討阿史那伏念。
永隆二年（681）三月	曹懷舜、竇義昭爲阿史那伏念敗於橫水。
永隆二年（681）閏七月	裴行儉平突厥，縛阿史那伏念、阿史德溫傅歸京師。
永淳元年（682）	突厥餘黨阿史那骨篤祿、阿史德元珍等招集亡散，據黑沙城反，入寇并州及單于府之北境。薛仁貴擊破之。
永淳二年（683）二月	突厥寇定州，刺史霍王元軌擊卻之。乙亥，復寇媯州。
同年三月	阿史那骨篤祿、阿史德元珍圍單于都護府，執司馬張行師，殺之。唐遣勝州都督王本立、夏州都督李崇義將兵分道救之。
同年五月	突厥阿史那骨篤祿等寇蔚州，殺刺史李思儉，豐州都督崔智辯將兵邀之於朝那山北，兵敗爲虜所擒。
同年六月	突厥別部寇掠嵐州，偏將楊玄基擊走之。
同年十一月戊戌	唐以右武衛將軍程務挺爲單于道安撫大使，招討阿史那骨篤祿等。
嗣聖元年（684）七月	突厥阿史那骨篤祿等寇朔州。
光宅元年（684）九月	以左武衛大將軍程務挺爲單于道安撫大使，以備突厥。
垂拱元年（685）三月	突厥阿史那骨篤祿等數寇邊，以左玉鈐衛中郎將淳于處平爲陽曲道行軍總管擊之。
同年三月癸未	突厥寇代州；淳于處平引兵救之，至忻州，爲突厥所敗。

垂拱二年（689）九月	突厥入寇，黑齒常之拒之，突厥夜遁。
垂拱三年（687）二月	突厥骨篤祿等寇昌平，令左鷹揚大將軍黑齒常之帥諸軍討之。
同年七月	突厥骨篤祿、元珍寇朔州，遣燕然道大總管黑齒常之擊之，李多祚爲之副，大破突厥於黃花堆，追奔四十餘里。
同年十月	右監門衛中郎將爨寶璧與突厥骨篤祿、元珍戰，全軍皆沒。
永昌元年（689）五月	以僧薛懷義爲新軍大總管，北討突厥。行至紫河，不見虜，於單于台刻石紀功而還。
同年九月壬子	以僧薛懷義爲新平道行軍大總管，將兵二十萬討突厥骨咄祿。
長壽三年（694）正月	突厥可汗骨篤祿卒，其子幼，弟默啜自立爲可汗。臘月，甲戌，默啜寇靈州。
同年二月	以薛懷義爲代北道行軍大總管，以討默啜。
同年三月	以僧薛懷義爲朔方道行軍大總管，以李昭德爲長史，蘇味道爲司馬，帥契苾明、曹仁師、沙吒忠義等十八將軍以討默啜，未行，虜退而止。
證聖元年（695）正月	以王孝傑爲朔方道行軍總管，擊突厥。
萬歲通天元年（696）九月	突厥寇涼州，執都督許欽明。
萬歲通天二年（697）正月	突厥默啜寇靈州，以許欽明自隨。
萬歲通天二年（697）正月	突厥默啜寇勝州，平狄軍副使安買道擊破之。
聖曆元年（698）八月	先是默啜有女，請結婚，武后命武延秀入突厥，納默啜女爲妃。武延秀至黑沙南庭。突厥默啜言其非天子子，拘之，發兵襲靜難、平狄、清夷等軍，靜難軍使慕容玄崱以兵五千降之。虜勢大振，進寇嬀、檀等州。則天以司屬卿武重規爲天兵中道大總管，右武衛將軍沙吒忠義爲天兵西道總管、幽州都督張仁愿爲天兵東道總管，將兵三十萬以討突厥默啜，又以左羽林衛大將軍閻敬容爲天兵西道後軍總管，將兵十五萬爲後援。
同年八月癸丑	默啜寇飛狐，乙卯，陷定州，殺刺史孫彥高及吏民數千人。
同年九月	默啜圍趙州，長史唐般若翻城應之。甲戌，命太子爲河北道元帥以討突厥。戊寅，以狄仁傑爲河北道行軍副元帥，右丞宋元爽爲長史，右台中丞崔獻爲司馬，左台中丞吉頊爲監軍使。時太子不行，命仁傑知元帥事。癸未，突厥默啜盡殺所掠趙、定等州男女萬餘人，自五回道去，所過，殺掠不可勝紀。沙吒忠義等但引兵躡之，不敢逼。狄仁傑將兵十萬追之，無所及。
久視二年（701）八月	突厥默啜寇邊，命安北大都護相王爲天兵道元帥，統諸軍擊之，未行而虜退。
久視二年（702）二月	突厥寇鹽、夏二州。
同年三月	突厥破石嶺，寇并州。
同年七月	突厥寇代州。

同年九月	突厥寇忻州。
神龍二年（706）十二月	突厥默啜寇鳴沙，靈武軍大總管沙吒忠義與戰，軍敗。丁巳，突厥進寇原、會等州，掠隴右牧馬萬餘匹而去。
景龍元年（707）十月	命左屯衛將軍張仁愿充朔方道大總管，以擊突厥；比至，虜退，追擊，大破之。
開元二年（714）二月	突厥可汗默啜遣其子同俄特勒（勤）及妹夫火拔頡利發、石阿失畢將兵圍北庭都護府，都護郭虔瓘擊破之。同俄單騎逼城下。虔瓘伏壯士於道側，突起斬之。突厥請悉軍中資糧以贖同俄，聞其已死，慟哭而去。
開元三年（715）七月壬戌	以淳州大總管薛訥爲朔方道行軍大總管，太僕卿呂延祚、靈州刺史杜賓客副之，以討突厥。

註：本表資料採自《資治通鑑》。

高宗永淳二年（683）五月，乙巳，突厥阿史那骨咄祿等寇蔚州，殺刺史李思儉，豐州都督崔智辯率師出朝那山（在豐州黃河北）掩擊，爲突厥所敗。朝議欲廢豐州，徙百姓於靈、夏諸州。蓋豐州與勝州、雲州、嬀州等同爲唐北疆的第一道防線，豐州若棄，委河套大好草地以牧胡馬，防線南移，胡騎可直逼靈、夏。加上黃河冬封，不足以限胡馬，黃土高原河流多呈南北走向，是遊牧民族南下最好通道。故豐州棄守，靈、夏難保，京師不安。諳練邊事的唐休璟，亟以爲不可，乃上書曰：

> 豐州控河遏賊，實爲襟帶，自秦、漢以來，列爲郡縣，田疇良美，尤宜耕牧。隋季喪亂，不能堅守，乃遷徙百姓就寧、慶二州，致使戎羯交侵，乃以靈、夏爲邊界。貞觀之末，始募人以實之，西北一隅，方得寧謐。今若廢棄，則河傍之地復爲賊有，靈、夏等州人不安業，非國家之利也。〔註33〕

朝廷從其言，豐州乃存。

延載元年（694），骨咄祿病卒，其子尚幼，骨咄祿之弟默啜遂篡其位，自立爲可汗。隨後南侵西討，聲勢又過骨咄祿。「西突厥十姓部落頻被突厥默啜侵掠，死散殆盡。」〔註34〕又北併鐵勒諸部〔註35〕，恢復突厥帝國之盛勢。

〔註33〕見《舊唐書》，卷九十三〈唐休璟傳〉，頁2978；同書，卷一九四上〈突厥傳〉，頁5167；及《資治通鑑》，卷二○三〈唐紀十九〉，高宗永淳二年五月條，頁1725。

〔註34〕見《舊唐書》，卷一九四下〈突厥傳下〉，頁5190。

〔註35〕見《舊唐書》，卷一九九下〈北狄傳〉，鐵勒，頁5349。

萬歲通天元年（696）五月，契丹首領孫萬榮與其妹婿松漠都督李盡忠，俱爲營州都督趙文翽所侵侮，三人遂舉事，攻殺文翽，據營州作亂。盡忠自號無上可汗，以萬榮爲大將，攻城略地，所向披靡，聲勢浩大，唐兵不敵。默啜乘機遣使上言：「請還河西降戶，即率部落兵馬爲國家討擊契丹。」則天許之。默啜遂攻討契丹，大破之，盡獲其家口，默啜自此兵眾益盛。則天尋遣使冊立默啜爲特進、頡跌利施大單于、立功報國可汗〔註36〕。萬歲通天二年（697）三月，默啜索勝、豐、靈、夏、朔、代六州降戶及單于都護府之地，兼請農器、種子，則天不許。默啜怒，言辭悖慢。姚璹、楊再思以契丹未平，請依默啜所求給之。李嶠曰：「戎狄貪而無信，此所謂『借寇兵資盜糧』也，不如治兵以備之。」〔註37〕李嶠誠有識鑒，然以當時情勢言之，唐實無此餘力也。「璹、再思固請與之，乃悉驅六州降戶數千帳以與默啜，并給穀種四萬斛，雜綵五萬段，農器三千事，鐵四萬斤，并許其昏，默啜由是益強。」〔註38〕及契丹平，其餘眾及奚、霫皆降於突厥〔註39〕，拓地東及渤海。聖曆二年（699）更拓地至西突厥十姓之地〔註40〕。中宗景龍三年（709），默啜率兵擊西突厥娑葛，滅之，自是領地東西萬餘里，控弦四十萬，自頡利之後最爲強盛。〔註41〕

（二）唐的防禦措施

唐自武則天至中宗、睿宗時期，北方受突厥默啜的壓迫，西方受吐蕃的

〔註36〕見《舊唐書》，卷一九四上〈突厥傳上〉，頁5168。

〔註37〕同註36；《資治通鑑》，卷二〇六〈唐紀二十二〉，則天后萬歲通天二年（697）三月條，頁1752。

〔註38〕同註36。聖曆元年，默啜有女請和親，則天以武延秀入突厥，齎金帛巨億以送之。至黑沙南庭，默啜拘之，入寇。移書數朝廷曰：「與我蒸穀種，種之不生，一也。金銀器皆行濫，非眞物，二也。我與使者緋紫皆奪之，三也。繒帛皆疏惡，四也。我可汗女當嫁天子兒，武氏小姓，門戶不敵，罔冒爲昏，五也。爲此起兵，欲取河北耳。」（見《資治通鑑》，卷二〇六〈唐紀二十二〉，則天后聖曆元年八月條，頁1755）若默啜所言之一、二、四項屬實，可知唐實不得已，亦計出無聊耳。

〔註39〕參見《資治通鑑》，卷二〇六〈唐紀二十二〉，則天后萬歲通天二年六月條，頁1753。

〔註40〕《舊唐書》，卷一九四上〈突厥傳上〉，頁5170～5171載：「（聖曆二年）默啜立其弟咄悉匐爲左廂察，骨咄祿子默矩爲右廂察，各主兵馬二萬餘人，又立其子匐俱爲小可汗。位在兩察之上，仍主處木昆等十姓兵馬四萬餘人，又號爲拓西可汗。」

〔註41〕參見《舊唐書》，卷一九四上、下〈突厥傳上、下〉，頁5172、5191。

寇擾。對西方之吐蕃雖獲致成功，對北邊之突厥、契丹則失敗。考其原因有二：一、突厥在高宗初年歸服，三十年間秋毫無犯，而吐蕃在高宗時代，逐漸昌盛，侵擾不已，成為西方的強敵，故唐室全力經營西方，北方防禦較為鬆懈。而且唐國都所在之關中地區，是唐朝的根基，地近西方，吐蕃的威脅較大，突厥在北邊，距離長安較遠，因此不得不採取重西輕北的政策，以保國本，對北方只是消極的維持現狀。二、突厥、契丹受唐室羈縻已久，不承認武周政權，他們以曾受李唐恩，當助李家子弟恢復帝位為出兵的理由，公然侵邊。〔註42〕

面臨二蕃的侵擾，當時朝臣間興起積極的防禦思想，如狄仁傑云：

但當敕邊兵，謹守備，遠斥候，聚資糧，待其自致，然後擊之。以逸待勞，則戰士力倍，以主禦客則我得其便，堅壁清野，則寇無所得，自然二賊深入則有顛躓之慮，淺入必無寇獲之益。如此數年，可使二虜（突厥、吐蕃）不擊而服矣。〔註43〕

又如盧俌云：

邊州刺史，宜精擇其人，使之蒐卒乘，積資糧，來則禦之，去則備之。去歲四方旱災，未易興師。當理內以及外，綏近以來遠，俟倉廩實，士卒練，然後大舉以討之。〔註44〕

太宗至高宗前期的大規模開疆拓土行動，轉為積極的防禦政策。其間唐於河東置岢嵐守捉、大同軍、天兵軍、雲中守捉、樓煩守捉、清塞守捉及和戎軍、橫野軍等〔註45〕（參見圖十）。及至中宗景龍二年（708）三月，朔方道行軍大總管張仁愿，趁突厥默啜盡眾西擊娑葛，乘虛奪漠南之地，築三受降臣於河北（今綏遠河套以北地區），又於牛頭朝那山北，置烽候千八百餘所，

〔註42〕 參見曹嘉琪，《中國唯一女皇帝──武則天政治事業之研究》（中國文化學院史學研究所六十八年度碩士論文未刊本），頁 228～229。以恢復帝位為理由之例子如：聖曆元年（698）二月，孫萬榮圍幽州，移檄朝廷曰：「何不歸我盧陵王？」；同年七月，以武延秀入突厥納默啜女為妃，默啜拘之，謂曰：「我欲以女嫁李氏，安用武氏兒邪？此豈天子之子乎？我突厥世受李氏恩，聞李氏盡滅，唯兩兒在，我今將兵輔立之。」（以上俱見《資治通鑑》，卷二○六〈唐紀二十二〉，則天后聖曆元年條）

〔註43〕 參見《資治通鑑》，卷二○六〈唐紀二十二〉，則天后神功元年十月條，頁1754。

〔註44〕 見《資治通鑑》，卷二○八〈唐紀二十四〉，中宗神龍三年正月條，頁1775。

〔註45〕 參見廖幼華，《初唐河東道研究──對外策略的研究》（中國文化大學史學研究所七十一年度碩士論文未刊本），頁 86～87。

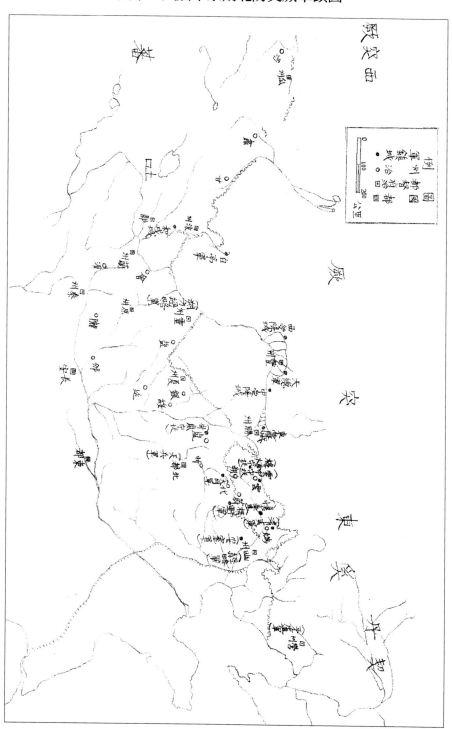

圖十：武后中宗期北防突厥軍鎮圖

自是突厥不敢渡山畋牧，朔方無復寇掠，減鎮兵數萬人〔註46〕。雖有防禦網的建立，但農耕民族靜態的防禦，對於飄忽不定的胡騎，實防不勝防，故突厥常南下寇掠（見表四），而唐亦時時作防禦性的攻擊。這種情形要到玄宗開元四年（716），默啜北討九姓拔曳固時，為頡質略殺於柳林而止，唐與突厥的緊張關係暫緩了一段時間。〔註47〕

三、孤島式的四鎮經營

東突厥默啜強盛時，西突厥處木昆十姓部落，亦在其控制之下。吐蕃自論欽陵兄弟專統兵馬以來，贊婆專在東境，與中國為鄰，三十餘年，常為邊患。永隆元年（680）文成公主薨，吐蕃入寇更烈。儀鳳四年（679）贊普卒，其子器弩悉弄嗣位，內部已有分裂的傾向，故如意元年（692）其大首領曷蘇請降。但論欽陵仍時時入寇，唐亦派出名將如婁師德、王孝傑、唐休璟、郭元振、黑齒常之與之相抗。唐在此期間為保持對西域的暢通，涼州地位最為重要，成為唐、突厥、吐蕃三強爭奪的目標。唐對西南蠻的扶植，以分化牽制吐蕃的力量，亦是唐所奉行不渝的國策。吐蕃對四鎮十姓始終不能忘懷，而唐之西域經營主要在隔斷吐蕃與西突厥的聯合。

（一）鞏固甘涼

蒙古高原南緣的山脈，如陰山、賀蘭山、祁連山，草木茂盛，多禽獸，自古為遊牧民族衣食所寄，故匈奴失陰山，過之未嘗不哭；失祁連、焉支二山乃歌曰：「奪我祁連山，使我六畜不繁息；失我焉支山，使我婦女無顏色。」〔註48〕河西走廊北依龍首、焉支山（在甘肅山丹縣東，南接永昌縣）南依祁連山脈，為漢民族與遊牧民族必爭的要地。

甘州（今甘肅張掖縣）、涼州（今甘肅武威縣）俱為河西走廊重鎮，涼州

〔註46〕 參見《舊唐書》，卷九十三〈張仁愿傳〉，頁 2982 載：「先，朔方軍北與突厥以河為界，河北岸有拂雲神祠，突厥將入寇，必先詣祠祭酹求福，因牧馬料兵而後渡河。時突厥默啜盡眾西擊突騎施娑葛，仁愿請乘虛奪取漠南之地，於河北築三受降城，首尾相應，以絕其南寇之路。」中受降城在黃河北岸，南去朔方千三百餘里，安北都護府治焉。東受降城在勝州東北二百里，西南去朔方千六百餘里，東南去朔方千餘里。（見《資治通鑑》，卷二○九〈唐紀二十五〉，中宗景龍二年三月條下註，頁 1779）

〔註47〕 參見《舊唐書》，卷一九四上〈突厥傳上〉，頁 5173。

〔註48〕 參見《史記》，卷一一○〈匈奴傳〉，正義引西河故事，頁 2909；《漢書》，卷九十四下〈匈奴傳下〉，頁 3803。

居其首，爲經營西域之總樞紐，屯兵七萬三千人〔註 49〕。甘州居其中，地勢險要，爲河西扼喉之地。唐得之，可以交通四鎮，宰制西域；唐失之，吐蕃、突厥聯寇，關隴危殆。故則天時，吐蕃、突厥二蕃頻歲奄至涼州城下，百姓深受其苦，以致積糧不足以支周歲。〔註 50〕

　　甘州，北當九姓，南逼吐蕃，地廣糧多，雖左右受敵，積貯仍達四十餘萬石。瓜、肅鎮防禦，皆仰食甘州，然管戶不滿三千，堪勝兵者不足百數〔註 51〕。則天大足元年（701）郭元振督涼州，於涼州南境硤口置和戎城（今甘肅古浪），北界磧中置白亭軍（甘肅鎮番縣北），控其要路，拓州境一千五百里，自是寇虜不復更至城下。唐又令甘州刺史李漢通開置屯田，盡其水陸之利，於是積軍糧可支數十年〔註 52〕。兵食俱足，唐之西域經營始得不輟。

（二）扶植西南蠻

　　武后對吐蕃的入寇，不但隨時予以迎頭痛擊，且打算對吐蕃東南邊境的雅州（今四川雅安縣）生羌，取得直接的控制，以牽制吐蕃。陳子昂舉七事以爲不可，若必不得免，則必須並生羌、吐蕃一舉消滅，否則邊陲不保〔註 53〕。武后權衡國內外情勢，轉採扶植西南蠻，以牽制吐蕃的策略。

　　長壽中（692～694），姚、嶲蠻首反叛，詔裴懷古往招輯之。「懷古申明賞罰，賊徒歸附者日以千數，乃俘其魁首，處其居人而還。蠻夷荷恩，立碑頌德。」〔註 54〕安撫策略成功。延載元年（694）六月，永昌蠻酋董期帥部落二十餘萬戶內附〔註 55〕。這對吐蕃的東南邊境不啻是一大威脅，使得吐蕃對東北的進寇，不得不有所顧忌。但唐代亦付出相當代價，蜀州每年派遣兵五百人戍姚州，道路險遠，死亡者多。蜀州刺史張柬之云：

> 姚州本哀牢之國，荒外絕域，山高水深，國家開以爲州，未嘗得其
> 鹽布之稅，甲兵之用，而空竭府庫，驅率平人，受役蠻夷，肝腦
> 塗地，臣竊爲國家惜之。請廢姚州以隸巂州，歲時朝覲，同之蕃

〔註 49〕見《資治通鑑》，卷二一五〈唐紀三十一〉，玄宗天寶元年正月條，頁 1838。
　　　　此兵數雖爲天寶元年之數，則天時當不在少數。
〔註 50〕參見《全唐文》，卷二二一〈陳子昂〉，〈上西蕃邊州安危事第三條〉，頁 2707。
〔註 51〕同註 50。
〔註 52〕參見《舊唐書》，卷九十七〈郭元振傳〉，頁 3044。
〔註 53〕參見《舊唐書》，卷一九○〈文苑傳中‧陳子昂傳〉，頁 5021～5024。
〔註 54〕見《舊唐書》，卷一八五下〈良吏傳下‧裴懷古傳〉，頁 4807。
〔註 55〕見《資治通鑑》，卷二○五〈唐紀二十一〉，則天后延載元年五月條，頁 1746。

國。……〔註56〕

此純屬地方官本愛護子民之心而發，與國家之大戰略不同，故疏奏不納。

（三）四鎮之爭奪

安西四鎮有隔絕吐蕃、突厥聯合的作用。唐自太宗設四鎮以來，四鎮常隨國力之消長而易主。武后長壽元年（692）王孝傑大破吐蕃之後，四鎮復歸唐有，但隨即契丹叛變，突厥默啜趁機勒索，吐蕃亦時時蠢動，使得唐朝將領，時北時西疲於奔命（見表五）。唐爲免除雙方夾攻的危機，如何使河西走廊保持暢通，並保持四鎮之控制，則是唐廷最重要的國策。時吐蕃之威脅雖不如突厥之大，但吐蕃對四鎮與西突厥之控制權，卻時時難以忘懷。雖然吐蕃在如意元年（692）內部已有明顯的衝突存在〔註57〕，但舉國上下對四鎮的需索卻是一致的。而西突厥亦趁此三強爭鬥方酣之際，時時有趁火打劫之舉。故唐在此時對安西四鎮之經營，可謂備嘗艱苦。

表五：武周後期（692～704）武將一年內西征北伐表

將領名	西　征　時　期	北　伐　時　間
王孝傑	長壽三年（693）二月，爲武威道總管。	同年八月爲瀚海軍行軍總管。
	延載元年（695）七月，吐蕃寇臨洮，爲肅邊道行軍大總管以討之。	同年正月爲朔方道行軍總管擊突厥。
婁師德	聖曆元年（698）四月，充隴右諸軍大使。	萬歲通天二年（697）四月，爲清邊道副大總管擊契丹。
魏元忠	久視元年（700）閏七月，爲隴右諸軍大使，擊吐蕃。	同年十月，爲蕭關道大總管以備突厥。

註：本表資料採自《資治通鑑》。

就在收復安西四鎮的第三年，武后長壽三年（694），吐蕃勾結西突厥的阿史那俀子入寇，武威道大總管王孝傑與之戰于冷泉、大嶺谷，破之。同時碎葉鎮守使韓思忠又破泥熟俟斤及突厥施質汗、胡祿等，因拔吐蕃泥熟沒斯城。〔註58〕

〔註56〕參見《資治通鑑》，卷二〇六〈唐紀二十二〉，則天后聖曆元年條，頁1757。
〔註57〕參見《舊唐書》，卷一九六上〈吐蕃傳上〉，頁5225。
〔註58〕參見《新唐書》，卷二一五下〈突厥傳下〉，頁6065。此間記載碎葉鎮守使韓思忠破西突厥，因而拔吐蕃泥熟沒斯城，若此碎葉即指Tokmak，則吐蕃之勢力已及此耶？

　　吐蕃之性，強則入寇，敗則請和，武后證聖元年（695）吐蕃論欽陵、贊婆攻臨洮，爲王孝傑所敗〔註59〕。第二年（696），吐蕃又遣使請和，此時恰值契丹李盡忠、孫萬榮反，吐蕃乘機索取四鎮，十姓之地。武后乃授郭元振右武衛鎧曹，充使聘於吐蕃。《新唐書》載郭元振與論欽陵之對話〔註60〕，《舊唐書·郭元振傳》載郭元振論唐蕃情勢甚詳：

　　吐蕃大將論欽陵請去四鎮兵，分十姓之地，朝廷使元振因察其事宜。元振還，上疏曰：「臣聞利或生害，害亦生利。國家難消息者，唯吐蕃與默啜耳。今吐蕃請和，默啜受命，是將大利於中國也。若圖之不審，則害必隨之。今欽陵欲分裂十姓，去四鎮兵，此誠動靜之機，不可輕舉措也。今若直塞其善意，恐邊患之起，必甚於前。若以鎮不可拔，兵不可抽，則宜爲計以緩之，藉事以誘之，使彼和望未絕，則其惡意亦不得頓生。且四鎮之患遠，甘、涼之患近，取捨之計，實宜深圖。今國之外患者，十姓、四鎮是也；內患者，甘、涼、瓜、肅是也。……如欽陵云『四鎮諸部接界，懼漢侵竊，故有是請』，此則吐蕃所要者。然青海、吐（谷）渾密邇蘭、鄯，比爲漢患，實在茲輩，斯亦國家之要者。今宜報欽陵云：『國家非吝四鎮，本置此以扼蕃國之要，分蕃國之力，使不得併兵東侵。今委之於蕃，力強易爲東擾。必實垂東侵意，則還漢吐（谷）渾諸部及青海故地，即俟斤部落亦還吐蕃。』如此，則足塞欽陵之口，而事未全絕也。如欽陵小有乖，則曲在彼矣。又西邊諸國，款附歲久，論其情義，豈可與吐蕃同日而言。今未知其利害，未審其情實，遽有分裂，亦恐傷彼諸國之意，非利馭長算也。」則天從之。〔註61〕

吐谷渾之地，在高宗咸亨元年（670）大非川之役，淪入吐蕃控制以後，吐蕃的疆界與唐接壤，吐蕃連年入寇，予唐極大威脅。郭元振提出交換條件，吐蕃自然不肯放棄，四鎮自然在唐的控制之下了。

　　爲了保住四鎮，唐中央政府付出的代價亦復不少。武后神功元年（697），狄仁傑上書請罷四鎮以肥中國，再用以夷制夷的方法羈縻之，他認爲「綏撫

〔註59〕　參見《新唐書》，卷二一六上〈吐蕃傳上〉，頁6079。
〔註60〕　同註59，頁6079～6080；《通典》，卷一九〇〈邊防六〉，西戎二，吐蕃條，頁1023～1024。
〔註61〕　見《舊唐書》，卷九十七〈郭元振傳〉，頁3044～3045；《通典》，卷一九〇〈邊防六〉，西戎二，吐蕃條，頁1024。

夷狄，蓋防其越逸，無侵侮之患則可矣。何必窮其窟穴，與螻蟻計較長短哉？」〔註62〕這種迂闊的言論，自不爲武后所採用。

則天后聖曆二年（699）二月，吐蕃內部醞釀了數十年的危機終於爆發了。吐蕃多年來以論欽陵兄弟專統兵馬，欽陵居中用事，諸弟分據方面。兄弟皆有才幹，諸蕃頗憚之。此時，吐蕃贊普器弩悉弄既長，欲自專國政，漸不耐欽陵專權，乃與大臣論巖等陰圖去之。時欽陵在外，贊普乃佯言將獵，召兵執欽陵親黨二千餘人，盡殺之。發使召欽陵、贊婆等，欽陵舉兵不受召，贊普親率眾討伐，欽陵迎戰而潰，遂自殺。贊婆率所部千餘人及其兄子莽布支等降周，則天遣羽林飛騎郊外迎接，授贊婆輔國大將軍、行右衛大將軍，封歸德郡王，優賜甚厚，仍令領其部兵於洪源谷討擊〔註63〕。論欽陵子弓仁，亦以所統吐谷渾七千帳降周，拜酒泉郡公。於是則天以婁師德爲天兵軍副大總管，仍充隴右諸軍大使，專掌懷撫吐蕃降者。同時唐以吐谷渾青海王宣超爲烏地也拔勤忠可汗，冀重建爲唐、吐蕃間的緩衝國。〔註64〕

吐蕃政變發生後的次年（久視元年700），吐蕃國內的新當權派，欲轉移國內之注意力，遣其新將麴莽布支寇涼州，圍昌松縣，唐休璟大敗之〔註65〕。長安二年（702）贊普又率眾萬餘人寇悉州，都督陳大慈破之〔註66〕。吐蕃在數次未得利後，同年，即遣論彌薩來示和，次年（703）四月，吐蕃遣使獻馬千匹，金二千兩以求婚，時東突厥屢入寇，則天爲免兩面作戰，許之。長安三年（703），吐蕃南境屬國泥婆門國等皆叛，贊普器弩悉弄自往討之，卒於軍中。國內大亂，諸子爭立，久之，國人立器弩悉弄子棄隸蹜贊，時年七歲。中宗神龍元年（705），吐蕃遣使告喪，俄而贊普祖母遣其大臣悉薰熱來獻方物，爲其孫請婚。中宗以所養雍王守禮女爲金城公主，嫁之。自是頻歲貢獻。中宗景龍三年（709）十一月，贊普遣其大臣尚贊吐等來迎公主。四年

〔註62〕 參見《舊唐書》，卷八十九〈狄仁傑傳〉，頁2889～2891。

〔註63〕 參見《舊唐書》，卷一九六上〈吐蕃傳上〉，頁5225～5226；《新唐書》，卷二一六上〈吐蕃傳上〉，頁6080。

〔註64〕 見《資治通鑑》，卷二○六〈唐紀二十二〉，則天后聖曆二年二月、四月條，聖曆三年三月條，頁1758～1759。

〔註65〕 參見《資治通鑑》，卷二○七〈唐紀二十三〉，則天后久視元年閏七月條，頁1760；《舊唐書》，卷九十三〈唐休璟傳〉，頁2979。

〔註66〕 參見《資治通鑑》，卷二○七〈唐紀二十三〉，則天后長安三年十月條，頁1763，載贊普寇茂州；《舊唐書》，卷一九六上〈吐蕃傳上〉，頁5226，載長安二年，贊普率眾寇悉州，餘皆同。根據時間排比，今採《舊唐書》。

（710）正月，遣楊矩送公主入蕃。睿宗景雲元年（710）攝監察御史李知古上言：「姚州諸蠻，先屬吐蕃，請發兵擊之。」睿宗遂令知古於劍南募兵往經略之。蠻酋傍名乃引吐蕃攻知古，殺之。時張玄表為安西都護，又與吐蕃比境，互相攻掠，吐蕃內雖怨怒，外敦和好。吐蕃復遣使厚遺鄯州都督楊矩，請得河西九曲（今青海貴德縣）之地為金城公主湯沐之所。吐蕃既得九曲，其地肥良，堪頓兵畜牧，又與唐境接近，自是復叛，始率兵入寇〔註67〕。唐與吐蕃的和平關係只維持了七年之久。

（四）四鎮復失

武后長壽元年（692），王孝傑收復龜茲、于闐、疏勒、碎葉四鎮。此後唐即積極的控有四鎮。從武后長壽三年（694）二月到久視元年（700）八月，六年間，西突厥雖有不臣（見表六），然於四鎮威脅不大。則天后聖曆三年（700）正月，以西突厥斛瑟羅為平西軍大總管，鎮碎葉〔註68〕。後以斛瑟羅用刑嚴酷，諸部不服。突騎施烏質勒，本隸斛瑟羅，號為莫賀達干，能撫其眾，諸部歸之，斛瑟羅不能制。烏質勒置都督二十員，各將兵七千人，屯碎葉西北，後攻陷碎葉，徙其牙帳於此。斛瑟羅因部眾離散，於則天長安三年（703）入朝，不敢復還，烏質勒悉併有其地〔註69〕。碎葉鎮自是不為唐有。於是唐在長安四年（704），冊拜斛瑟羅之子阿史那懷道為西突厥十姓可汗，以羈縻之。〔註70〕

表六：西突厥部落寇掠表（692～703）

時　　　間	寇掠將領	寇掠地點	結　　　　果
長壽三年（694）二月	俀子	冷泉、大嶺	武威道總管王孝傑破之。
長壽三年（694）二月	泥熟俟斤		碎葉鎮守使韓思忠破之。
久視元年（700）八月	阿悉吉薄露	碎葉	田揚名引斛瑟羅攻之，不克。九月，封思業誘斬之。

註：本表資料採自《資治通鑑》。

〔註67〕參見《舊唐書》，卷一九六上〈吐蕃傳上〉，頁5226～5228。
〔註68〕參見《資治通鑑》，卷二○六〈唐紀二十二〉，則天后聖曆三年正月條，頁1759。
〔註69〕參見《資治通鑑》，卷二○七〈唐紀二十三〉，則天后長安三年（703）七月條，頁1763，《舊唐書》，卷一九四下〈突厥傳下〉，頁5190。
〔註70〕同前註引《資治通鑑》，則天后長安四年正月條，頁1765。

　　聖曆二年（699）八月，突騎施烏質勒遣其子遮弩入見，則天遣侍御史解琬安撫烏質勒及十姓部落〔註71〕。中宗神龍二年（706）正月，以突騎施烏質勒爲懷德郡王〔註72〕。同年（706）烏質勒死，以其子娑葛襲嗢鹿州都督、懷德王〔註73〕。娑葛既代統父衆，勝兵三十萬，父時故將闕啜忠節不服，數相攻擊。闕啜兵衆寡弱，漸不能支，郭元振奏請追闕啜入朝宿衛，移其部落於瓜、沙等州安置，詔從之。闕啜行至播仙城，與經略使周以悌相遇，以悌說之厚賂宗楚客、紀處訥，請留不行。仍發安西兵并引吐蕃以擊娑葛，求阿史那獻爲可汗以招十姓，使郭虔瓘往拔汗那徵甲馬以助軍用。既得報讎，又得存其部落〔註74〕。闕啜然其言，便勒兵攻陷于闐坎城，獲金寶及生口，遣人間道納賂於宗、紀。郭元振聞其謀，上書云：

> 往者吐蕃所爭，唯論十姓、四鎮，國家不能捨與，所以不得通和。今吐蕃不相侵擾者，不是顧國家和信不來，直是其國中諸豪及泥婆羅門等屬國自有攜貳。故贊普躬往南征，身殞寇庭，國中大亂，嫡庶競立，將相爭權，自相屠滅。兼以人畜疲癘，財才困窮，人事天時，俱未稱愜。所以屈志，且共漢和，非是本心能忘情於十姓、四鎮也。如國力殷足之後，則必爭小事，方便絕和，縱其醜徒，來相吞擾，此必然之計也。今忠節乃不論國家大計，直欲爲吐蕃作嚮導主人，四鎮危機，恐從此啓。……忠節不體國家中外之意，而別求吐蕃，吐蕃得志，忠節則在其掌握，若爲復得事漢？往年吐蕃於國非有恩有力，猶欲爭十姓、四鎮；今若效力樹恩之後，或請分于闐、疏勒，不知欲以何理抑之？又其國中諸蠻及婆羅門等國見今攜背，忽請漢兵助其討除，亦不知欲以何詞拒之？是以古之賢人，皆不願夷狄妄惠，非是不欲其力，懼後求請無厭，益生中國之事。故臣愚以爲用吐蕃之力，實爲非便。又請阿史那獻者，豈不以獻等並可汗子孫，來即可招脅十姓？但獻父元慶、叔僕羅、兄俀子并斛瑟羅及懷道，豈不俱是可汗子孫？往四鎮以他匐十姓不安，請冊元慶爲可

〔註71〕　參見《資治通鑑》，卷二〇六〈唐紀二十二〉，則天后聖曆二年八月條，頁1758；《舊唐書》，卷一〇〇〈解琬傳〉，頁3112。
〔註72〕　參見《資治通鑑》，卷二〇八〈唐紀二十四〉，中宗神龍二年正月條，頁1773。
〔註73〕　同前註引《資治通鑑》，中宗神龍二年十二月條，頁1775；《新唐書》，卷二一五下〈突厥傳下〉，頁6066。
〔註74〕　見《舊唐書》，卷九十七〈郭元振傳〉，頁3045。

汗，竟不能招脅得十姓，卻令元慶沒賊，四鎮盡淪。頃年，忠節請斛瑟羅及懷道俱爲可汗，亦不能招脅得十姓，卻遣碎葉數年被圍，兵士饑餒。又吐蕃頃年亦冊俀子及僕羅并拔布相次爲可汗，亦不能招得十姓，皆自磨滅。何則？此等子孫非有惠下之才，恩義素絕，故人心不歸，來者既不能招攜，唯與四鎮卻生瘡痏，則知冊可汗子孫，亦未獲招脅十姓之算也。今料獻之恩義，又隔遠於其父兄，向來既未樹立得威恩，亦何由即遣人心懸附。若自舉兵，力勢能取，則可招脅十姓，不必要須得可汗子孫也。又，欲令郭虔瓘入拔汗那稅甲稅馬以充軍用者，但往年虔瓘已曾與忠節擅入拔汗那稅甲稅馬，臣在疏勒具訪，不聞得一甲入軍，拔汗那胡不勝侵擾，南勾吐蕃，即將俀子重擾四鎮。又虔瓘往入之際，拔汗那四面無賊可勾，咨意侵吞，如獨行無人之境，猶引俀子爲蔽。今北有婆葛強寇，知虔瓘等西行，必請相救，胡人則內堅城壘，突厥則外伺邀遮。必知虔瓘等不能更如往年得恣其吞噬，內外受敵，自陷危道，徒與賊結隙，令四鎮不安，臣愚揣之，亦非爲計〔註75〕。疏奏，不省。

宗楚客等既受闕啜之賂，乃建議遣攝御史中丞馮嘉賓持節安撫闕啜，御史呂守素處置四鎮，除牛師獎爲安西副都護，使領甘、涼已西兵募，兼徵吐蕃，以討娑葛。娑葛進馬使知楚客計，馳還報娑葛。娑葛是日發兵五千騎出安西，五千騎出撥換，五千騎出焉耆，五千騎出疏勒。時元振在疏勒，於河口柵不敢動。闕啜在計舒河（塔里木河）口候見嘉賓，娑葛兵掩至，生擒闕啜，殺嘉賓等。呂守素至僻城，亦見害。又殺牛師獎於火燒城，乃陷安西，四鎮路絕〔註76〕。娑葛遣使上表，求宗楚客頭。楚客又奏請周以悌代元振統眾，徵元振，將陷之。使阿史那獻爲十姓可汗，置軍焉耆，以取娑葛。娑葛遣元振書曰：「與漢本來無惡，只讎於闕啜，而宗尚書取闕啜金，極擬破奴部落，馮中丞，牛都護相次而來，奴等豈坐受死？又聞史獻欲來，徒擾亂軍州，恐未有寧日，乞大使商量處置。」元振奏娑葛狀。楚客怒，奏言元振有異圖，元振遣其子鴻間道奏其狀，以悌因而得罪，流于白州。復以元振代以悌，赦娑葛罪，冊爲十四姓可汗。〔註77〕

〔註75〕同註74，頁3045～3047。

〔註76〕同註74，頁3047～3048。

〔註77〕同註74，頁3048；另見《資治通鑑》，卷二〇九〈唐紀二十五〉，中宗景龍二

睿宗景雲中（710～711）娑葛弟遮弩恨所分部落少於其兄，遂叛入突厥，請為嚮導，以討娑葛。默啜乃留遮弩，遣兵二萬人與其左右同討娑葛，擒之而還。默啜顧謂遮弩曰：「汝於兄弟尚不和協，豈能盡心於我。」遂與娑葛俱殺之。默啜兵還，娑葛下部將蘇祿鳩集餘眾，自立為可汗。〔註78〕

第三節 開元天寶期的四鎮經營

一、突厥默啜之死與北疆

默啜盛時，地東西萬餘里，契丹及奚常受其徵發。默啜漸老，部落多逃散。開元二年（714），默啜遣其子移涅可汗及同俄特勤、妹夫火拔頡利發石阿失畢將兵圍北庭都護府，都護郭虔瓘擊破之。同俄特勤單騎親逼城下，虔瓘伏壯士於路左，突起斬之。既而突厥眾至，失同俄，相率於城下乞降，請盡軍中衣資器仗以贖同俄，及聞其死，三軍慟哭，引還。默啜妹夫火拔頡利發石阿失畢時與同俄特勤同領兵，以同俄死，懼不敢歸，遂將其妻歸降，唐以之為右衛大將軍，封燕山郡王。〔註79〕

開元二年（714）二月，西突厥十姓酋長都擔叛。三月，磧西節度使阿史那獻克碎葉等鎮，擒斬都擔，降其部落二萬餘帳〔註80〕。唐自是控制了十姓部落。默啜在內外交困的情況下，於同年（714）十月，又遣使求婚，玄宗許以來歲迎公主。默啜既年老，愈昏暴，其部落皆叛（參見表七），默啜勢漸弱。〔註81〕

開元四年（716），默啜又北討九姓拔曳固，戰于獨樂河，拔曳固大敗。

年十一月條，頁1781。關於十四姓，《資治通鑑》註云：「西突厥先有十姓，今併咽麪、葛邏祿、莫賀達干、都摩支為十四姓。」《舊唐書》，卷九十七，校勘記云：「『十四姓』冊府卷三六六作『十姓』，《通鑑隋唐紀比事質疑》『十四姓可汗』條，謂『徧考西突厥史，前後都無十四姓之稱』，此處『四』字疑是衍文。」

〔註78〕參見《舊唐書》，卷一九四下〈突厥傳下〉，頁5190。關於突厥本傳載景龍二年事，實有誤，《西突厥史料》，頁259，云為711年，今從之。

〔註79〕參見《舊唐書》，卷一〇三〈郭虔瓘傳〉，頁3187；同書，卷一九四上〈突厥傳上〉，頁5172；《資治通鑑》，卷二一一〈唐紀二十七〉，玄宗開元二年二月條。

〔註80〕參見《資治通鑑》，卷二一一〈唐紀二十七〉，玄宗開元二年三月條，頁1799。

〔註81〕參見《新唐書》，卷二一五上〈突厥傳上〉，頁6048。

默啜負勝輕歸，而不設備，遇拔曳固迸卒頡質略於柳林中，突出擊默啜，斬之，與入蕃使郝靈荃傳默啜首至京師。〔註82〕

表七：開元二年～三年（714～715）默啜部屬降唐表

時　　間	降　唐　部　屬	唐　措　施	出　　處
開元二年（714）二月	石阿失畢	以爲右衛大將軍，封燕北（山？）郡王。	《資治通鑑》
開元二年（714）九月壬子	葛邏祿等部		《資治通鑑》
開元二年（714）十月	胡祿屋等諸部	令郭虔瓘撫存之。	《資治通鑑》
開元三年（715）	右廂五弩失畢五俟斤、左廂五咄六啜		《資治通鑑》
	高麗莫離支高文簡	封遼西郡王	《舊唐書·突厥傳》
	跌跌思泰	制令居河南之地，封樓煩郡公	
開元三年（715）四月	葛邏祿、胡屋、鼠尼施三姓，大漠都督特進朱斯，陰山都督謀落匐雞，玄池都督躡實力胡鼻	詔處其眾於金山	《新唐書·突厥傳》
開元三年（715）五～八月	吐谷渾大酋莫容道奴	以爲雲中郡公	《新唐書·突厥傳》
	郁射施大酋鶻屈頡斤	以爲陰山郡公	
	郁射施大酋苾悉頡力	以爲鴈門郡公	
	高麗大酋高拱毅	以爲平城郡公	
開元三年（715）九月	九姓思結都督磨散等		《資治通鑑》
開元三年（715）秋	九姓首領阿布思		《舊唐書·突厥傳》
開元三年（715）	默啜女婿阿史德胡祿	授以特進	《舊唐書·突厥傳》

默啜既死，其子小可汗立，骨咄祿之子闕特勤擊殺之，立其兄左賢王默棘連（原蕃號爲小殺），是爲毗伽可汗。毗伽以默啜時衙官暾欲谷爲謀主。暾欲谷年七十餘，多智略，國人信服。突厥降戶處河曲者，聞毗伽立，多復叛歸。初，默啜部落紛紛降唐，王晙上書曰：

> 突厥時屬亂離，所以款塞降附，其與部落，非有讎嫌，情異北風，

理固明矣。養成其釁，雖悔可追。今者，河曲之中，安置降虜，此輩生梗，實難處置。日月漸久，姦詐逾深，窺邊間隙，必爲患難。今有降者部落，不受軍州進止，輒動兵馬，屢有殺傷。……私置烽鋪，潛爲抗拒，公私行李，頗實危懼。北虜如或南牧，降戶必與連衡。臣問沒蕃歸人云，卻逃者甚眾，南北信使，委曲通傳，此輩降人，翻成細作。倘收合餘燼，來逼軍州，虜騎憑凌，胡兵應接，表裏有敵，進退無援。……望至秋冬之際，令朔方軍盛陳兵馬，告其禍福，昭以繒帛之利，示以麋鹿之饒，說其魚米之鄉，陳其畜牧之地。並分配淮南、河南寬鄉安置，仍給程糧，送至配所。雖復一時勞弊，必得久長安穩。二十年外，漸染淳風，持以充兵，皆爲勁卒。……臣料留住之議，謀者云遵故事，必言降戶之輩，舊置河曲之中，昔年既得康寧，今日還應穩便。但同時異事，先典攸傳。往者頡利破亡，邊境寧謐，降戶之輩，無復他心，所以多歷歲年，此類皆無動靜。今虜見未破滅，降戶私使往來，或畏北虜之威，或懷北虜之惠，又是北虜戚屬，夫豈不識親疏，將比昔年，安可同日。臣料其中頗有三策。若盛陳兵馬，散令分配，內獲精兵之實，外祛黠虜之謀，暫勞永安，此上策也。若多屯士卒，廣爲備擬，亭障之地，蕃、漢相參，費甚人勞，此下策也。若置之朔塞，任之來往，通傳信息，結成禍胎，此無策也。……縱因遷移，或至逃叛，但有移得之者，即是今日良圖，留待河冰，恐即有變。……〔註83〕

疏奏未報，降虜果叛，玄宗敕王晙帥并州兵西濟河討破之。俄而降戶阿悉爛、跌跌思泰等復自河曲叛歸。小殺既得降戶，謀欲南入爲寇，暾欲谷止之，小殺又欲修築城壁，造立寺觀，暾欲谷止之，曰：

突厥人戶寡少，不敵唐家百分之一，所以能常抗拒者，正以隨逐水草，居處無常，射獵爲業，又皆習武。強則進兵抄掠，弱則竄伏山林，唐兵雖多，無所施用。若築城而居，改變舊俗，一朝失利，必將爲唐所併。且寺觀之法，教人仁弱，本非用武爭強之道，不可置也。〔註84〕

小殺等深然其策。

〔註83〕見《舊唐書》，卷九十三〈王晙傳〉，頁2987～2988。

〔註84〕參見《舊唐書》，卷一九四上〈突厥傳上〉，頁5174。

開元七年（719）冬，朔方大總管王晙欲予小殺致命的打擊，奏請西徵拔悉密，東發奚、契丹兩蕃，期以明年秋初，合朔方兵數道俱入，掩突厥衙帳於稽落河上。八年（720）秋，拔悉密發兵逼突厥衙帳，而王晙兵及兩蕃不至，突厥擊破拔悉密，迴兵又襲涼州。於是小殺大振，盡有默啜之眾。老成持重的暾欲谷，不欲與唐衝突，尋遣使請和，乞與玄宗爲子，玄宗許之。其使請尚公主，玄宗未之許，但厚賜而遣之〔註85〕。蓋外蕃喜尚公主，一則取得豐富的妝奩，一則可提高其在遊牧部落的聲望。開元十三年（725），玄宗將東封，懼突厥伺機窺邊，裴光庭請遣使徵其大臣扈從，一則以壯威儀，一則以充人質。於是唐遣中書直省袁振攝鴻臚卿，往說毗伽。毗伽請和親：

> 謂振曰：「吐蕃狗種，唐國與之爲婚；奚及契丹舊是突厥之奴，亦尚
> 唐家公主；突厥前後請結和親，獨不蒙許，何也？」袁振曰：「可汗
> 既與皇帝爲子，父子豈合爲婚姻？」小殺等曰：「兩蕃亦蒙賜姓，猶
> 得尚公主，但依此例，有何不可？且聞入蕃公主，皆非天子之女，
> 今之所求，豈問眞假，頻請不得，實亦羞見諸蕃。」〔註86〕

袁振許爲奏請，毗伽乃遣其大臣阿史德頡利發入朝貢獻，因扈從東巡。東封迴，玄宗爲頡利發設讌，厚賜而遣之，不許其和親。

唐朝能與小殺維持長久的和平關係，當歸因於互市之功。開元十五年（727），小殺使其大臣梅錄啜來朝，獻名馬三十匹。時吐蕃與小殺書，將計議同時入寇，小殺並獻其書。玄宗嘉其誠，引梅錄啜宴於紫宸殿，厚加賞賜，仍許以朔方軍西受降城爲互市之所，唐每年齎縑帛數十萬匹，就邊以遺之。〔註87〕

二十年（732）闕特勤死，唐遣使往弔之。二十二年（734），小殺爲其大臣梅錄啜所毒，藥發未死，先討斬梅錄啜，盡滅其黨。既死，國人立其子爲伊然可汗，立六年卒，又立其弟爲登利可汗。可汗年幼，其母婆匐與小臣飫斯達干亂，遂預政，諸部不協。登利從父分掌東西兵，號左右殺，軍中精勁皆屬之，可汗與母誘斬右殺，奪其兵。左殺懼，攻殺登利可汗，立毗伽可汗子爲可汗，未幾爲骨咄葉護所殺，其後國內大亂，迴紇、葛邏祿、拔悉密亦起而反叛。天寶四載（745），迴紇懷仁可汗擊殺突厥白眉可汗，傳首

〔註85〕參見《舊唐書》，卷一九四上〈突厥傳上〉，頁 5173～5174；《新唐書・突厥傳》
　　　　及《資治通鑑》皆云：「期以八年秋，集於稽落河上」，今從之。
〔註86〕參見《舊唐書》，卷一九四上〈突厥傳上〉，頁 5175～5176。
〔註87〕同註86，頁 5177。

京師。突厥毗伽可敦帥眾降唐。於是北邊晏然，燧燧無警。而迴紇拓地愈廣，東至室韋，西抵金山，南跨大漠，盡有突厥故地，又爲漠北一新興權力中心。〔註88〕

二、唐對吐蕃的反包圍

吐蕃自從取得河西九曲之地以後，其地良沃，堪畜牧，又與唐境接，唐之邊境從此不安。景雲元年（710），吐蕃與蠻首傍名攻殺李知古後復叛，始率兵入寇。

開元二年（714）五月，吐蕃相坌達延遺宰相書，請先遣解琬至河源正二國封疆，然後結盟。時玄宗方計討伐默啜，於是帝令姚崇等報書，命琬持神龍誓往會，吐蕃亦遣尚欽藏、御史名悉臘獻載辭。解琬奏，吐蕃必陰懷叛計，請預屯兵十萬於秦、渭等州，以爲備禦。事尚未定，坌達延將兵十萬寇臨洮，入攻蘭、渭，掠取牧馬。玄宗令薛訥爲隴右防禦使，郭知運爲副使，與王晙等并力進擊。十月，吐蕃復寇渭源。丙辰，玄宗下詔親征，發兵十餘萬人，馬四萬匹。甲子，薛訥與吐蕃戰于武街，大破之。王晙又破坌達延於大來谷，王晙復與薛訥合軍進攻，吐蕃大敗，奔突不能去者，相枕藉而死，洮水爲之不流。玄宗乃罷親征。但吐蕃的失信行爲，予玄宗相當深的惡感，此後玄宗一再拒絕吐蕃的求和，原因在此。〔註89〕

先是，吐蕃以河爲境，以金城公主之故，橋河築城，置獨山、九曲（青海巴燕縣）二軍，吐蕃既叛，宰相姚崇等奏請毀橋拔城，以河爲限，玄宗許之。同年（714）十月，乙酉，玄宗命左驍衛郎將尉遲懷使于吐蕃，宣慰金城公主。吐蕃遣其大臣宗俄因矛（子）至洮水請和，用敵國禮，玄宗不許，自是連歲犯邊（參見表八）。唐以郭知運、王君㚟相次爲河西節度使備禦吐蕃。〔註90〕

〔註88〕 參見《新唐書》，卷二一五下〈突厥傳下〉，頁 6054～6055；《資治通鑑》，卷二一五〈唐紀三十一〉，玄宗天寶四載正月條，頁 1842。關於毗伽可汗殁年，各書記載略有出入。（參見伯希和撰，馮承鈞譯，〈中亞史地譯叢〉，《輔仁學誌》第三卷第一期，民國 21 年出版，頁 3～37）

〔註89〕 參見 Twitchett, Denis, *The Cambridge History of China*. V. 3, *Sui and T'ang China 589~906*, Cambridge University Press, Cambridge, London, First Published, 1979, P.363。

〔註90〕 參見《新唐書》，卷二一六上〈吐蕃傳上〉，頁 6081～6082；《舊唐書》，卷一九六上〈吐蕃傳上〉，頁 5228；《資治通鑑》，卷二一一〈唐紀二十七〉，玄宗開元二年五月、八月、十月條，頁 1799～1801。

表八：唐與吐蕃交戰表（714～753）

時　間	經　過
開元二年（714）八月乙亥	吐蕃將坌達延、乞力徐帥眾十萬寇臨洮，軍蘭州，至于渭源，掠取牧馬。唐以薛訥、郭知運擊之，十月大破吐蕃。
開元四年（716）二月	吐蕃圍松州，松州都督孫仁獻擊破之。
開元五年（717）七月	隴右節度使郭知運大破吐蕃於九曲。
開元十年（722）八月	吐蕃圍小勃律，小勃律王沒謹忙求救於北庭節度使張（孝）嵩，嵩遣疏勒副使張思禮將蕃漢步騎四千救之，與沒謹忙合破吐蕃。
開元十四年（726）	吐蕃大將悉諾邏入寇大斗谷，進攻甘州。十五年春，涼州都督王君㚟破之於青海之西。
開元十五年（727）九月	吐蕃大將悉諾邏恭祿於燭龍莽布支攻陷瓜州，執刺史田元獻及王君㚟父，進攻玉門軍，君㚟不敢出兵。莽布支別攻常樂縣，旬餘日，吐蕃力盡，乃引去。
開元十五年（727）閏九月	吐蕃贊普與突騎施蘇祿圍安西城，安西副大都護趙頤貞擊破之。
開元十五年（727）十月	吐蕃寇瓜州城，張守珪敗之。
開元十六年（728）正月	安西副大都護趙頤貞敗吐蕃于曲子城。
開元十六年（728）七月	吐蕃大將悉末朗寇瓜州，都督張守珪擊走之。乙已，河西節度使蕭嵩、隴右節度使張忠亮大破吐蕃於渴波谷，忠亮追之，拔其大莫門城，焚其駱駝橋而還。八月，吐蕃復入寇甘州祁連城、蕭嵩遣杜賓各帥兵大破之。
開元十七年（729）三月	瓜州都督張守珪、沙州刺史賈師順擊吐蕃大同軍，大破之。甲寅，朔方節度使信安王禕攻吐蕃石堡城拔之。自是河隴諸軍遊奕，拓境千餘里。
開元二十五年（737）二月	河西節度使崔希逸襲吐蕃，破之於青海西。
開元二十六年（738）三月	吐蕃寇河西，節度使崔希逸擊破之。鄯州都督、知隴右留後杜希望攻吐蕃新城，拔之，以其地為威戎軍。
開元二十六年（738）七月	鄯州都督杜希望將鄯州之眾奪吐蕃河橋，築鹽泉城於河左，吐蕃發兵三萬逆戰，希望與王忠嗣合破之。九月吐蕃陷安戎城而據之。
開元二十七年（739）八月	吐蕃寇白草，安人等軍，隴右節度使蕭炅擊破之。
開元二十八年（740）三月	劍南節度使仇兼瓊取安戎城。六月，吐蕃圍安戎城。十月，吐蕃寇安戎城及維州；唐發關中彍騎救之，吐蕃引去。
開元二十九年（741）六月	吐蕃四十萬眾入寇，至安仁（人）軍，渾崖峰騎將臧希液帥眾五千擊破之。十二月，吐蕃屠廓州達化縣，陷石堡城，蓋嘉運不能禦。
天寶二載（743）四月	皇甫惟明引軍出鄯州西平，擊吐蕃，行千餘里，攻洪濟城，破之。

天寶四載（745）九月	隴右節度使皇甫惟明與吐蕃戰于石堡城，爲吐蕃所敗，副將褚諴戰死。
天寶七載（748）十二月	哥舒翰築神威軍於青海上，吐蕃至，翰擊破之，又築城於青海中龍駒島，謂之應龍城，吐蕃屏跡不敢近青海。
天寶八戰（749）六月	隴右節度使哥舒翰帥隴右、河西及突厥阿布思兵，益以朔方、河東兵，凡六萬三千攻吐蕃石堡城，拔之。
天寶九載（750）十二月	關西遊奕使王難得擊吐蕃，克五橋，拔樹敦城。
天寶十一載（752）六月	楊國忠奏吐蕃兵六十萬救南詔，劍南兵擊破之於雲南，克故隰等三州。
天寶十二年（753）五月	隴右節度使哥舒翰擊吐蕃，拔洪濟、大漠門等城，悉收九曲部落。

註：本表資料採自《資治通鑑》。

　　吐蕃一面寇唐，另一面則往西域發展，且與西方之新興勢力大食合勢〔註91〕，對唐威脅甚大，此時安西都護的重要就顯現出來了。

　　拔汗那歸唐已久，吐蕃與大食共立阿了達爲王，發兵攻之，拔汗那王兵敗，奔安西求救。張孝嵩謂都護呂休璟曰：「不救則無以號令西域。」遂帥旁側戎落兵萬餘人，出龜茲西數千里，下數百城，長驅而進。開元三年（715）十一月，攻阿了達於連城。張孝嵩自擐甲督士卒急攻，自巳至酉，屠其三城，俘斬千餘級，阿了達與數騎逃入山谷。孝嵩傳檄諸國，威振西域，大食、康居、大宛、罽賓等八國皆使請降〔註92〕。唐在西域的勢力復振，而吐蕃與大食聯合的計劃終告破滅。（參見圖十一）

　　開元四年（716），默啜爲拔曳固所殺，北方壓力暫除，而吐蕃與外蕃連合謀取西域之企圖更亟。如開元五年（715）七月，「安西副大都護湯嘉惠奏突騎施引大食、吐蕃，謀取四鎮，圍鉢換及大石城，已發三姓葛邏祿兵與阿史那獻擊之。」〔註93〕

　　突厥自毗伽可汗立後（716），到開元二十年（732）大致與唐朝維持和平的關係，而吐蕃在寇唐不得利的情形下，轉而向西域開拓。唐爲對付吐蕃在西域的擴張，亦行遠交之策。護密（Wakhan），地當四鎮入吐火羅道，以往役屬於吐蕃，而唐欲阻止吐蕃與大食連合，必先取得護密，故於開元八年

〔註91〕 參見 Richardson, H. E. *A Short History of Tibet*. N.Y., E. P. Dutton. & Co., INC. 1962, pp.29~30。

〔註92〕《資治通鑑》，卷二一一〈唐紀二十七〉，玄宗開元三年十一月條，頁 1802。

〔註93〕 見前引《資治通鑑》，玄宗開元五年七月條，頁 1806。

圖十一：玄宗對吐蕃進行反包圍作戰期西域形勢圖

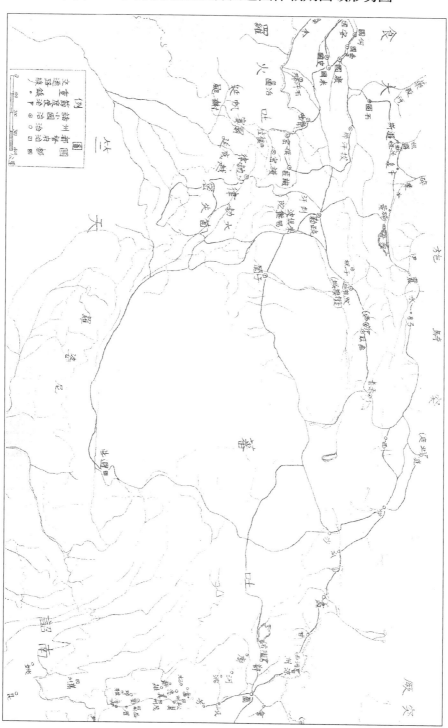

（720），冊其王羅旅伊陀骨咄祿多毗勒莫賀達摩薩爾為王，以羈縻之﹝註94﹞。

箇失密（Kashmir），扼吐蕃入西域五大道，北距勃律五百里，環地四千里，山回繚之，它國無能攻伐。開元初，遣使者朝。開元八年（720），詔冊其王眞陀羅秘利為王。其後，箇失密王天木死，弟木多筆立，遣使者物理多來朝，且言：「有國以來，並臣天可汗，受調發。國有象、馬、步三種兵，臣身與中天竺王陁吐蕃五大道，禁出入，戰輒勝。有如天可汗兵至勃律者，雖眾二十萬，能輸糧以助。……」因乞唐冊，鴻臚譯以聞。詔內物理多宴中萬，賜賚優厚，冊木多筆為王，自是職貢有常﹝註95﹞。小勃律（Yasin），東南距大勃律（Baltistan）三百里，大勃律役屬於吐蕃。開元初，小勃律王沒謹忙來朝，玄宗以兒子畜之，以其地為綏遠軍。由於其國近鄰吐蕃，數為所困，吐蕃曰：「我非謀爾國，假道攻四鎮爾。」久之，吐蕃奪其九城，開元十年（722），吐蕃圍小勃律王沒謹忙，沒謹忙求救于北庭節度使張孝嵩曰：「勃律，唐之西門，勃律亡則西域皆為吐蕃矣。」孝嵩乃遣疏勒副使張思禮將蕃漢步騎四千救之，晝夜兼進，與謹忙合勢擊吐蕃，大破之，斬獲數萬，復其九城。自是累歲，吐蕃不敢犯邊。﹝註96﹞

吐蕃向西擴張受阻，轉而東向寇掠。開元十四年（726）冬，吐蕃悉諾邏寇大斗谷，又移攻甘州，焚燒市里。十五年（727）正月，涼州都督王君㚟破吐蕃於青海之西，擄輜重羊馬萬計而還。玄宗大悅，由是益事邊功﹝註97﹞。同年九月，丙子，吐蕃大將悉諾邏恭祿及燭龍莽布攻陷瓜州，執刺史田元獻及河西節度使王君㚟之父，進攻玉門軍，君㚟不敢出兵。莽布支別攻常樂縣，縣令賈師順帥眾拒守，及瓜州陷，悉諾邏悉兵會攻之，旬餘日，吐蕃力盡乃退。當吐蕃之寇瓜州，遺書毗伽，欲與之入寇，毗伽欲與唐維持良好互市關係，因此獻其書。閏九月吐蕃北連毗伽吐成，轉而與突騎施聯合。突騎施蘇祿因杜暹之舊憾，遂與吐蕃共圍安西城，為安西副大都護趙頤貞所破﹝註98﹞。俄而王君㚟為回紇餘眾所殺，乃以蕭嵩為河西節度使，張守珪為瓜

﹝註94﹞ 參見《新唐書》，卷二二一下〈西域傳下〉，護蜜國，頁 6255。

﹝註95﹞ 同註 94，箇失蜜國，頁 6256。

﹝註96﹞ 同前註引書，小勃律國，頁 6251；《資治通鑑》，卷二一二〈唐紀二十八〉，玄宗開元十年八月條，頁 1813。

﹝註97﹞ 參見《舊唐書》，卷一九六上〈吐蕃傳上〉，頁 5229；《新唐書》，卷二一六上〈吐蕃傳上〉，頁 6083；《資治通鑑》，卷二一三〈唐紀二十九〉，玄宗開元十五年正月條，頁 1819。

﹝註98﹞ 參見《資治通鑑》，卷二一三〈唐紀二十九〉，玄宗開元十五年九月、閏九月

州刺夕。修築州城，招輯百姓，令其復業。時悉諾邏恭祿威名甚振，蕭嵩乃
縱反間於吐蕃，云其與中國潛通，贊普遂召而誅之。十六年（728）秋，吐蕃
大將悉末朗復率眾攻瓜州，張守珪擊走之。八月，蕭嵩又遣副將杜賓客率弩
手四千人，與吐蕃戰于祁連城下，大破之。十七年（729），朔方大總管信安
王褘又率兵赴隴右，拔其石堡城，遂於其城置振武軍。吐蕃以數敗，頻遣使
請和，皇甫惟明因奏事面陳通和之便。玄宗以「往年贊普嘗與朕書，悖慢
無禮，朕意欲討之，何得和也」惟明曰：「開元之初，贊普幼稚，豈能如此，
必是在邊軍將務邀一時之功，僞作此書，激怒陛下。……」玄宗然其言，乃
令皇甫惟明及內侍張元方充使往問吐蕃。惟明、元方等至吐蕃，既見贊普及
公主，宣達上意，贊普等欣然請和，盡出貞觀以來前後敕書，以示惟明等，
並令其重臣名悉獵隨惟明等入朝。十八年（730）至京師。詔御史大夫崔琳充
使報聘。仍於赤嶺各豎分界之碑約以更不相侵〔註 99〕。此時東北的契丹與奚
於十八年復叛與突厥合勢，唐又把注意力轉向東北，直到二十三年（735）始
平定。〔註 100〕

　　吐蕃的擴張行動，從未停止過，東向一受阻，又轉而向西。開元二十四
年（736）吐蕃西擊勃律，勃律遣使來告急，玄宗遣使報吐蕃，令其罷兵。吐
蕃不受詔，遂攻破勃律國，玄宗甚怒〔註 101〕。開元二十五年（737），河西節
度使崔希逸襲吐蕃，破之於青海西，吐蕃自是復絕朝貢〔註 102〕。唐蕃和平期
僅有七年。

　　開元二十六年（738），吐蕃復叛，寇河西，崔希逸擊破之。鄯州都督杜
希望攻吐蕃新城，拔之，以其地爲威戎軍。與此同時，吐蕃北結突騎施，並
以女妻之〔註 103〕。唐此時爲保有四鎮，詔令各軍事重鎮鎮將，如安西節度使

　　　　條，頁 1820。
〔註 99〕參見《舊唐書》，卷一九六上〈吐蕃傳上〉，頁 5230〜5231。
〔註 100〕參見《舊唐書》，卷一九九下〈北狄傳〉，契丹、奚，頁 5352〜5356。
〔註 101〕參見《舊唐書》，卷一九六上〈吐蕃傳上〉，頁 5233。
〔註 102〕崔希逸與乞力徐盟事，參見前註。
〔註 103〕關於吐蕃與突騎施聯合之資料，參見《全唐文》，卷二八四〈張九齡——敕河
　　　　西節度牛仙客書〉，頁 3649；卷二八五〈張九齡——敕安西節度王斛斯書〉，
　　　　頁 3663；卷二八五〈張九齡——敕隴右節度使陰承本書〉，頁 3662；卷二八
　　　　六〈張九齡——敕安西節度王斛斯書〉，頁 3667；卷二八七〈張九齡——敕
　　　　西州都督張待賓書〉，頁 3680；卷二八七〈張九齡——敕吐蕃贊普書〉，頁
　　　　3680；李昉，《文苑英華》（台北：華文書局影印，民國 54 年出版），卷四六
　　　　九〈張九齡——敕吐蕃贊普書〉第一、六、七首，頁 2871〜2874。

王斛斯、隴右節度使陰承本、西州都督張待賓、北庭經略使蓋嘉運、河西節度使牛仙客嚴加戒備，隨時互相支援，若二蕃連衡之勢既成，則四鎮非復唐有。〔註104〕

開元二十六年（738），杜希望發鄯州兵奪吐蕃河橋，傍河築鹽泉城，號鎮西軍（在河州城內），破吐蕃兵三萬。明年（739）吐蕃攻白草、安人等軍，蕭炅擊破之。二十八年（740）章仇兼瓊拔安戎城。明年（740）十一月，金城公主薨，吐蕃遣使來告喪且請和，玄宗不許。數月後，始為公主舉哀。二十九年（741）六月，吐蕃四十萬攻承風堡，至河源軍，西入長寧橋，至安人軍，渾崖峰騎將盛希液帥眾五千攻破之。十二月，吐蕃又襲石堡城，節度使蓋嘉運不能守〔註105〕。石堡城，三面絕險，惟一徑可上，吐蕃但以數百人守之，多貯糧食，積檑木及石，唐兵前後屢攻之不能克。至天寶八載（749），哥舒翰攻拔之，唐士卒死者數萬，果如王忠嗣所言。〔註106〕（參見圖十二）

先是，小勃律為吐蕃陰誘且妻以女，故西北二十餘國皆臣吐蕃，貢獻不入，安西都護數討之，無功。天寶六載（747），詔安西副都護高仙芝往平之。於是拂菻、大食諸胡七十二國皆震恐，咸歸附〔註107〕。唐在西域的聲威重振，而吐蕃通四鎮之路又告斷絕。

天寶八載（749）十一月，乙未，吐火羅葉護失里怛伽羅遣使表稱：「揭師王親附吐蕃，困苦小勃律鎮軍，阻其糧道。臣思破凶徒，望發安西兵，以來歲正月至小勃律，六月至大勃律。」玄宗許之。九載（750）二月，安西節度使高仙芝破揭師，虜其王勃特沒，三月庚子，立勃特沒之兄素迦為揭師王。〔註108〕

天寶十四載（755），吐蕃贊普乞黎蘇籠獵贊死，大臣立其子婆悉籠贊為

〔註104〕 同註103。
〔註105〕 參見《舊唐書》，卷一九六上〈吐蕃傳〉，頁5234～5235；《新唐書》，卷二一六上〈吐蕃傳上〉，頁6086～6087。
〔註106〕 參見《資治通鑑》，卷二一六〈唐紀三十二〉，玄宗天寶八載六月條，頁1851；《舊唐書》，卷一〇三〈王忠嗣傳〉，頁3199～3201。
〔註107〕 參見《新唐書》，卷二二一下〈西域傳下〉，小勃律，頁6251～6252；《舊唐書》，卷一〇四〈高仙芝傳〉，頁3203～3205。
〔註108〕 參見《資治通鑑》，卷二一六〈唐紀三十二〉，玄宗天寶八載十一月條、天寶九載二、三月條，頁1851～1852；《全唐文》，卷九九九〈吐火羅葉護失里怛迦羅——請賜箇失密王勅書表〉，頁13090；《新唐書》，卷二二一下〈吐火羅國〉，頁6252。

王，復爲贊普。玄宗遣京兆少尹崔光遠兼御史中丞，持節齎國信冊命弔祭之。及還，而安祿安之子已竊據洛陽。乾元（758）後數年間，鳳翔之西，邠州之北，盡蕃戎之境，湮沒者數十年。〔註109〕

圖十二：唐代河湟青海地區交通與軍鎮示意圖

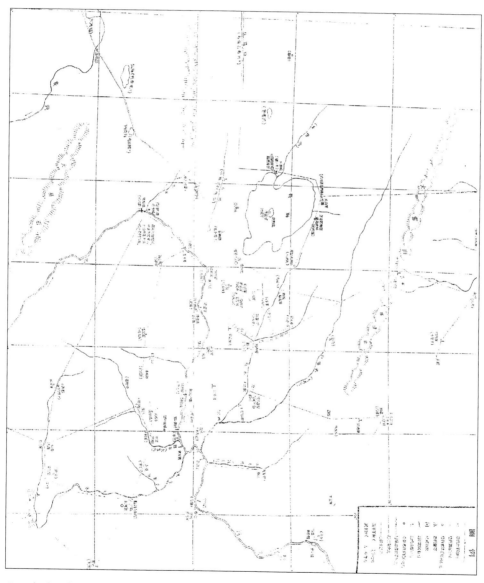

註：本圖採自嚴耕望，〈唐代河湟青海地區交通圖考〉，《新亞學報》第十一卷，1976 年 3 月。

〔註109〕《舊唐書》，卷一九六上〈吐蕃傳上〉，頁 5236。

三、安西都護府與西突厥

部落式的遊牧帝國，當其權力中心崩潰時，必有另一權力中心崛起。西突厥娑葛爲默啜所殺，其部將蘇祿鳩集餘眾，自立爲可汗。蘇祿善綏撫，十姓部落漸歸附之，有眾二十萬，遂雄霸西戎之地，但究竟實力未穩，東邊有強鄰默啜，西有大食，尋即遣使入貢。開元三年（715），唐授蘇祿爲左羽林軍大將軍、金方道經略大使，進爲特勤，尋冊爲忠順可汗。自是連年入貢，玄宗立史懷道女爲交河公主以妻之〔註110〕。蘇祿雖職貢不乏，陰有窺邊之志，尤其垂涎於東西交通要道，草原民族穀倉的安西四鎮。於是，安西與北庭都護府就顯出它的重要性了。開元五年（717），東突厥默啜已死，政局不穩。蘇祿勾結大食、吐蕃，謀取安西四鎮，圍鉢換及大石城，安西副大都護湯嘉惠發三姓葛邏祿兵與十姓可汗阿史那獻擊走之。〔註111〕

在此期間，大食的勢力已達到葱嶺之西，西域諸小國受其侵暴，頻頻遣使向天可汗求援。如開元七年（719），俱密王那羅延、康王烏勒伽、安王篤薩波提皆上表請救兵〔註112〕。此外，大食又和唐爭取西域的控制權。開元八年（720），大食欲引誘烏長王、骨咄王、俱位王叛唐，沒有成功。這可說是天可汗制度的餘威猶存。〔註113〕

西域小國因處於三大之間，那方實力強即倒向那一方，安西都護的職責就是要對西域實行完全的控制權，以保障唐代西疆的安全，斷不容許有其他勢力插手其間。故在開元十三年（725），突騎施盛時，于闐王尉遲眺與之勾結謀叛，爲安西副大都護杜暹所捕斬，改立親唐的國王〔註114〕。開元十四年（726）杜暹爲安西都護，突騎施交河公主遣牙官以馬千匹詣安西互市。使者宣公主教，暹怒曰：「阿史那女，何得宣教於我！」遂杖其使者，拘留之；馬

〔註110〕參見《舊唐書》，卷一九四下〈突厥傳下〉，頁5191。關於唐立阿史那女爲交河公主或金河公主，各書記載略有出入，詳見鄺平樟，〈唐代公主和親考〉，《史學年報》第二卷第二期，民國24年9月，頁46～47。

〔註111〕參見《資治通鑑》，卷二一一〈唐紀二十七〉，玄宗開元五年七月條，頁1806。

〔註112〕參見《資治通鑑》，卷二一二〈唐紀二十八〉，玄宗開元七年二月條，頁1809；《全唐文》，卷九九九〈俱密王那羅延——請處分大食國表〉，頁13091～13092；同卷，〈康國王烏勒伽——請發兵救援表〉，頁13088；同卷，〈東安國王篤薩波提——論事表〉，頁13089。

〔註113〕參見《資治通鑑》，卷二一二〈唐紀二十八〉，玄宗開元八年四月條，頁1810。

〔註114〕參見《資治通鑑》，卷二一二〈唐紀二十八〉，玄宗開元十三年條，頁1817。

經雪盡死。蘇祿大怒，陰結吐蕃，發兵寇四鎮，圍安西城。會杜暹入朝，趙頤貞代爲安西都護，嬰城自守，四鎮人馬皆爲蘇祿所掠，安西僅存。既而聞暹入相，稍引退，尋遣使入貢〔註115〕。次年（727）蘇祿與吐蕃再圍安西城，爲趙頤貞所破。〔註116〕

　　安西都護除維持西域秩序，對縱橫捭闔的國際政治亦須一手包辦。開元二十三年（735）冬十月，突騎施寇北庭及安西撥換城，唐西引大食兵取葉護勃達等路入碎葉，並令北庭經略使蓋嘉運，與安西四鎮節度王斛斯互爲犄角，另遣河西節度使牛仙客送五千兵以助。翌年春（736），蓋嘉運擊破之〔註117〕。雖蘇祿盛極一時，亦與列強締結和親關係。唐玄宗、苾伽可汗、吐蕃贊普均以女妻之。蘇祿既以三國女爲可敦，又分立數子爲葉護，費用漸廣，先既未曾積貯，晚年抄掠所得，留不分。又因風病，一手攣縮，其下諸部，心始攜貳。有大首領莫賀達干、都摩度兩部落最強盛。開元二十六年（738）夏，莫賀達干、達摩度夜攻蘇祿，殺之〔註118〕。都摩度又背達干而立蘇祿之子吐火仙骨啜爲可汗，居碎葉城；又引黑姓可汗爾微特勤保怛羅斯城，共擊達干，並連兵抗唐。玄宗使磧西節度使蓋嘉運和撫突騎施、拔汗那西方諸國。同時，安西四鎮節度使王斛斯，亦遣張舒耀與大食東面將軍呼邏散訶密計會，以取碎葉〔註119〕。蓋嘉運與莫賀達干率石國、史國軍擊吐火仙，擒之於碎葉城，並擒其弟葉護頓阿波。疏勒鎮守使夫蒙靈詧挾銳兵與拔汗那王掩怛邏斯城，斬黑姓可汗與其弟撥斯，入曳建城，收交河公主及蘇祿可敦、爾微可敦而還。於是諸國皆降，西域震撼，處木昆、鼠尼施、弓月等

〔註115〕參見《資治通鑑》，卷二一三〈唐紀二十九〉，玄宗開元十四年條，頁1819；《新唐書》，卷二一五下〈突厥傳下〉，頁6067。

〔註116〕同註115，開元十五年閏九月條，頁1820；《新唐書》，卷二一五下〈突厥傳下〉，頁6067。

〔註117〕參見《資治通鑑》，卷二一四〈唐紀三十〉，玄宗開元二十三年十月條，頁1829；《全唐文》，卷二八四〈張九齡——敕河西節度牛仙客書〉，頁3649；卷二八四〈張九齡——敕安西節度王斛斯書〉，頁3650；卷二八五〈張九齡——敕安西節度王斛斯書〉，頁3662；卷二八六〈張九齡——敕四鎮節度王斛斯書〉，頁3668；同卷，〈張九齡——敕北庭經略使蓋嘉運書〉，頁3667。

〔註118〕參見《舊唐書》，卷一九四下〈突厥傳下〉，頁5192；《新唐書》，卷二一五下〈突厥傳下〉，頁6068；丹麥，V. Thomsen譯，韓儒林重譯，〈突厥文苾伽可汗碑譯釋〉，刊於《禹貢半月刊》第六卷第六期，頁1～14。

〔註119〕參見《資治通鑑》，卷二一四〈唐紀三十〉，玄宗開元二十六年六月條，頁1834；《全唐文》，卷二八五〈張九齡——敕安西節度王斛斯書〉，頁3663。

原先隸屬於突騎施者，紛紛帥眾內附〔註120〕。西域權力中心，頓成真空，開元二十八年（740）唐立阿史那昕爲十姓可汗，統突騎施所部。莫賀達干不服，誘惑諸部落叛唐。蓋嘉運招諭達干，達干降，遂以達干代爲十姓可汗。其後數易可汗，其勢漸衰。至天寶中，尚數遣使朝獻〔註121〕。唐在西域的威望，再度復振。

天寶九載（750），安西四鎮節度使高仙芝僞與石國約和，引兵襲之，虜其王及部眾以歸，悉殺其老弱，掠得瑟瑟十餘斛，黃金五六橐駝，其餘口馬雜貨稱是，皆入其家〔註122〕。石國王子逃詣諸胡，具告仙芝欺誘貪暴之狀，諸胡皆怒，潛引大食，欲共攻四鎮。仙芝聞之，將蕃、漢兵三萬擊大食，至怛邏斯城（Auliata）與大食遇，相持五日。後葛邏祿眾叛，與大食夾攻唐軍，仙芝大敗，士卒死亡略盡，仙芝與李嗣業輕騎逃回安西〔註123〕。唐在蔥嶺以西的威勢，遂爲大食所取代。

〔註120〕 參見《新唐書》，卷二一五下〈突厥傳下〉，頁6068；《資治通鑑》，卷一一四〈唐紀三十〉，玄宗開元二十七年八月條、九月條，頁1835。

〔註121〕 參見《新唐書》，卷二一五下〈突厥傳下〉，頁6068～6069。

〔註122〕 參見《資治通鑑》，卷二一六〈唐紀三二〉，玄宗天寶九載十二月條，頁1852。

〔註123〕 同註122，天寶十載七月條，頁1854；《舊唐書》，卷一〇九〈李嗣業傳〉，頁3298～3290；白壽彝，〈從怛邏斯戰役說到伊斯蘭教之最早的華文記錄〉，《禹貢半月刊》第五卷第十一期，頁57～77。

第五章 安西四鎮的經營與內政外交的變化

第一節 兵制的改變

　　由於唐代前期的征伐，最直接的影響即表現在兵制的變化上。當李淵從太原起義時，基本武力不過三萬人〔註1〕。此後入關途中，雖陸續收編不少降卒與盜賊，然而真正擁有一支訓練較佳、戰力較強的軍隊，還得等到入關後，接收了隋朝留下來的關中武力才告組成。武德元年，置於關中的十二軍即以這支武力為基礎。由於李唐帝室本屬關隴集團，十二軍自然成為帝國最重要的核心武力〔註2〕。貞觀十年（636）重訂府兵制，諸軍府稱為折衝府，分布的範圍遍及全國各地區。關中、河東地區的軍府就佔了全國總數的三分之二，形成極端的內重外輕之勢〔註3〕。故在長從宿衛出現前，府兵實為唐帝國京城地區最主要的衛戍部隊。在高宗、武后時，邊防壓力增加，府兵任務的重點，已逐漸由宿衛轉向邊防。高宗中葉後，邊患嚴重，迫使帝國在邊境長期駐屯大軍，吸住了大量府兵。而內地軍府州居民又因兵役負擔過重紛紛逃亡，情況逐漸惡化，玄宗開元年間，終於造成了宿衛不足的窘況。具有長久歷史的

〔註1〕 參見王應麟，《玉海》（台北：華文書局據元後至元三年慶元路儒學刊本影印，民國56年3月再版），卷一三八，頁2649。

〔註2〕 參見《新唐書》，卷五十〈兵志〉，頁1324。

〔註3〕 同註1，頁2649～2656；及見谷霽光，〈西魏北周和隋唐間的府兵〉，《中國社會經濟史集刊》第五卷第一期（民國26年3月），頁85～120。

府兵制度，至此遂告全面崩潰。府兵制崩潰的原因很多，邊防壓力實爲其主要因素。〔註4〕

自太宗貞觀四年（630）平東突厥後，隨著對外經營地區的擴大，唐與外族戰爭也日趨頻繁，所需要的軍隊也愈來愈多。唐帝國固然有五十萬左右的府兵可動用，但府兵主要目的在宿衛，調發過多則將妨害到番上制度。因此唐政府勢必要另行籌募兵源，最簡便而不致影響民生的則爲募兵。〔註5〕

募兵起源很早，且都是因戰爭需要而臨時召募的。貞觀十八年（644）伐高麗，太宗語群臣曰：「朕今征高麗，皆取願行者，募十得百，募百得千」〔註6〕。高宗儀鳳三年（678）正月，遣金吾將軍曹懷舜等分往河南、北募勇士，不問布衣及仕宦，以之討吐蕃〔註7〕。武后聖曆元年（698），突厥默啜寇河北，亦募兵以伐之〔註8〕。其後亦陸續有詔募勇士者。直到開元十一年（723），張說奏募長從宿衛十二萬人，以取代原先番上的府兵，募兵始見其重要性。隨著京師衛戍部隊的募兵化，帝國的邊軍也開始走向以募兵取代府兵或徵兵的途徑。玄宗初期，邊軍中尚有相當大的一部份來自徵調，爲了解決徵兵引起的問題及減少更代的煩擾，玄宗遂下令在軍中招募願意長期留營者。〈鄴侯家傳〉云：「……舊制三年而代，後以勞於路途，乃募能更住三年者，賜物二十段，謂之召募。遂令諸軍皆募，謂之健兒」〔註9〕。但募兵一直要到開元末期，才完全取代邊軍中原來徵調的士兵。〔註10〕

外患嚴重，除了造成長征久戍外，也迫使唐政府大量擴軍，沿邊數萬里防線處處都須佈置兵力。經常維持六十萬人左右的邊防部隊，對唐政府而言，已是一項沈重的負擔，一旦入侵敵軍過強，還須另外動員大軍抵擋。如武后時，契丹與突厥先後侵入河北，武后所動員的軍隊皆達三、四十萬人。而且此時期戰爭激烈，唐軍死傷慘重。唐與契丹的東硤石谷之役（697），唐

〔註4〕 參見康樂，《唐代前期的邊防》（台北：國立台灣大學出版委員會，民國68年6月初版），頁152～153。

〔註5〕 同註4，頁154。

〔註6〕 《資治通鑑》，卷一九七〈唐紀十三〉，太宗貞觀十八年十二月條，頁1673。

〔註7〕 參見《資治通鑑》，卷二○二〈唐紀十八〉，高宗儀鳳三年正月條，頁1717。

〔註8〕 《資治通鑑》，卷二○六〈唐紀二十二〉，則天后聖曆元年九月條，載：「甲戌，命太子（李顯）爲河北道元帥以討突厥。先是，募人月餘不滿千人，及聞太子爲元帥，應募者雲集，未幾，數盈五萬。」頁1756。

〔註9〕 同註1，頁2653～2655。

〔註10〕 參見康樂，前引書，頁155。

與吐蕃的大非川之役（670），唐軍死傷人數皆達十餘萬，於是需要的兵源乃大為增加。唐政府為了支援戰事的進行，為了維持邊軍的更代，在徵集軍隊方面，不遺餘力，然而仍時感不足，武后為了應付契丹入侵，竟致須以奴僕為兵。此事雖屬特例，然而也可顯示出當時政府在兵源上捉襟見肘的窘態。〔註11〕

但外患始終不可免，不足的兵額，只有由招募來補足，開元五年正月詔：

> 但磧西諸鎮，道阻且長，數有替易，難於煩擾，其鎮兵宜以四年為限。……其諸軍鎮兵，近日遞加年限者，各依舊以三年二年為限，仍並不得延留。其情願留鎮者，即稍加賜物，征人願往，聽復令行。〔註12〕

知玄宗已開始設法在邊軍中招募職業兵，要把數十萬邊軍完全募兵化，究竟不是一蹴可及的事，直到開元二十六年（738），募兵才取代徵兵而成為邊防的主要力量。但邊軍募兵化的結果，產生嚴重後遺症。蓋投效邊軍者，非邊塞之民，即久戍不歸之士兵，或內地的無業遊民。這些人對內地既無留戀之情，到邊地後，依法令又可移家口，置田宅，實際上已近於武裝移民，結果造成文化上的異質化與離心力的產生。特別是玄宗一朝的邊軍募兵化過程，與胡人滲入唐軍中的現象互相配合，遂造成邊軍胡化的嚴重問題。而且邊軍募兵化後，由於實行軍區制度的緣故，邊地職業軍人生命財產前途，皆掌握在節度使手中，遂成為節度使得以挾制中央的資本。另一方面，內地不再調發，府兵制度已告瓦解，中央軍又缺乏訓練與實戰經驗，外重內輕的局面遂無法挽回，加以玄宗晚年對邊將之任用處置皆有偏誤之處，變亂的發生遂不可避免。〔註13〕

第二節　唐代天可汗制度與安西四鎮

天可汗尊號，起於唐太宗平定東突厥後。貞觀四年（630）四月，「諸蕃君長詣闕，請太宗為天可汗。乃下制，今後璽書賜西域北荒之君長，皆稱皇

〔註11〕見《唐會要》，卷八十六，奴婢條載云：「萬歲通天元年九月勅，士庶家僮僕有驍勇者，官酬主直，並令討擊契丹。」頁1569；及康樂，前引書，頁178。
〔註12〕見《唐大詔令集》，卷一〇七〈政事〉，備禦，鎮兵以四年為限詔，頁553。
〔註13〕參見康樂，前引書，頁184～194。

帝天可汗。諸蕃渠帥有死亡者，必下詔，冊立其後嗣焉。統制四夷，自此始也」〔註 14〕。大唐天可汗，如遇各國間發生糾紛，則當爲之裁判解決。如遇有侵略他國者，即須調遣各國軍隊以抗拒之〔註 15〕。其受侵之國，亦得請天可汗以救援或撫恤，各國兵亦得受徵至中國平亂〔註 16〕。各國君主，如有死亡或缺失者，其嗣君繼位，亦必由天可汗下詔冊立，以示承認〔註 17〕（參見表九）。此與今日聯合國之作用，頗爲近似，特聯合國爲委員制組織，而此天可汗制度，則爲首長統率之組織〔註 18〕。西北部落直接稱臣於中國者，則尊唐帝爲可汗；尊唐帝爲天可汗者，則純爲國際組織之維繫。〔註 19〕

表九：唐代蔥嶺西諸國封王表

國　　名	唐置府州名	封　　王　　號	紀　　　年	備　　　　　註
唐　國	唐居都督府	冊篤娑鉢提爲唐國王 冊泥涅師爲康國王 冊咄喝爲欽化王	萬歲通天元年 聖曆元年 天寶三載	屢抗大食，自康至西曹皆姓昭武 嗣其父位 嗣其父烏勒伽
石　國	大宛都督府	冊莫賀咄吐屯爲順義王 冊車俱鼻施爲懷化王	開元二十八年 天寶十二載	助討吐火仙有功，又請討大食 順義王子
米　國	南謐州	冊默啜爲米國王 冊米國王爲恭順王	開元十九年 天寶三載	康國王烏勒伽請冊其子默啜爲王
史　國	佉沙州	冊忽鉢爲史國王 改爲來威國	開元二十六年 天寶中	嗣其父延屯助討吐火仙
安　國	安息州	冊屈底波爲歸義王	天寶四載	請令突騎施助安攻大食
曹　國	未詳	冊咄褐爲曹國王	開元十九年	康國王烏勒伽請冊其子咄褐爲王
西曹國	未詳	冊曹國王爲懷德王	天寶三載	隋時之曹國，在史國之北

〔註14〕 見《唐會要》，卷一〇〇〈雜錄〉，頁 1796。關於天可汗即桃花石汗說，參見梁園東，〈「桃花石」爲「天子」，「桃花石汗」爲「天可汗」說〉，《邊政公論》第三卷第四期，頁 48～54。

〔註15〕 參見《新唐書》，卷二二一下〈西域傳下〉，吐火羅國，頁 6251。

〔註16〕 同前註引書，同卷，西曹國，頁 6245。

〔註17〕 參見曾問吾，《中國經營西域史》（台北：文海出版社據民國 25 年版影印發行），收入《近代中國史料叢刊續編》第五十二輯，上篇，第三章附唐代蔥嶺西諸國封王表，頁 144～146。

〔註18〕 參見羅香林，〈唐代天可汗制度考〉，《新亞學報》第一期（1955 年 8 月），頁 209。

〔註19〕 同前註引書，頁 211。

| 拔汗那 | 休循州 | 冊拔汗那王為奉化王 | 開元二十七年 | 乞兵討亡大食所立之王，助斬黑姓可汗有功，唐復賜以和義公主 |

以上是錫爾河以南諸國

吐火羅	月氏都督府	冊骨咄祿吉達度為吐火羅葉護悒怛王	開元十七年	請發兵助攻大食
罽賓	修鮮都督府	冊葛羅支達特勤為罽賓王 冊拂菻罽婆為罽賓王 冊勃準為罽賓王	開元八年 開元二十六年 天寶四載	屢抗大食
骨咄	高附都督府	冊其王為骨咄王	開元八年	不附大食
護蜜	鳥飛州都督府	冊羅旅伊陀骨咄祿多毗勒莫賀達摩薩爾為護蜜王 冊護真檀為護蜜王	開元八年 開元二十年	今帕米爾西南瓦罕，當四鎮入吐火羅道 天寶初，絕吐蕃，賜以鐵券
烏萇	未詳	冊其王為烏萇王	開元八年	在小勃律西六百里，不附大食
俱位	未詳	冊其王為俱位王	開元八年	在勃律河北，不附大食
謝颺	條支都督府	冊葛羅達支頡發誓屈爾為謝颺王 冊如沒拂達為謝颺王	開元八年 開元二十六年	屢抗大食，又名訶達羅支嗣其父發誓屈爾
陀拔斯單	未置	冊其王為恭化王 冊忽魯汗為歸義王	天寶三載 天寶六載	世為波斯將，不臣於大食

以上是阿母河以南諸國

　　唐代天可汗制度，由太宗貞觀時起，經高宗、武后至玄宗，歷百餘年，相沿未替，至安史亂平，代宗去世，始就消歇。而此傳衍百餘年之天可汗歷史，復可分為三期：大抵自貞觀四年（630）平定東突厥後，下至高宗顯慶二年（657），平西突厥止，凡二十七年，是為此制度之初期發展。其時參與諸國，多以連結大唐聲威，以防範突厥再起為意嚮；自高宗龍朔元年（661），天可汗於西域十六國與昭武九姓諸國等，設為都督府與諸州，以諸國之首領為都督或刺史，為一種軍事上之聯防，至玄宗天寶十年（751），唐安西節度使高仙芝，於怛羅斯城（Talas）為大食所擊敗，其間演變，凡九十年，是為此制度之中期，其時所參與之諸國，多以連結大唐軍力，以抵抗大食侵陵，或防禦吐蕃寇掠為意嚮；自玄宗天寶十四年（755）安史亂起，以至代宗去世後，郭子儀於德宗建中二年（781）卒，凡二十六年，此時凡唐帝國與名將為西北諸國所推重者，皆先後凋謝，而天可汗制度，亦無形解體矣，是為此制度之搖落晚期。〔註20〕

〔註20〕同前註引書，頁 211～212。

　　太宗自滅東突厥後，其目標轉而西向，貞觀九年（635）滅吐谷渾，十四年（640）滅高昌，於其地置西州，同時於天山北麓置庭州，爲唐經營天山南北麓的大本營，並置安西都護府於西州，以綏撫西域諸國。

　　西州的穩定，是保障河西走廊安全的重要條件，河西走廊的安全獲得保障，京師所在的關中才能高枕無憂，西域的經營也才能順利進行。故西域之得與失，完全繫乎安西都護之處置得當與否。焉耆爲南疆一小國，自始爲西突厥所役屬，侯君集伐高昌時，且遣兵相助。事過四年（644），焉耆王又與西突厥結親，唐的西域經營被擋於西、庭二州，此時安西都護郭孝恪請出兵討伐，破焉耆，建立親唐政權〔註21〕，打破天山南北麓聯合危險，使唐的西域經營向前邁進了一大步。貞觀二十二年（648），阿史那社爾伐龜茲，即用天可汗制度，發鐵勒、東、西突厥、吐谷渾等國際聯軍以伐之，既平之後，移安西都護府於此統理安西四鎮。但唐之平定西域，並不能夷其地爲州縣，只能羈縻之，亦即當地勢力始終未被消滅，當其勢力再起，沙漠小國無不蠢蠢欲動，與之合勢，必竟綠州與草原民族有長久的共生關係，而吐蕃自貞觀以後，即東西向擴張，東向寇廓、鄯、洮、蘭、岷、渭等州，直逼長安；西出大小勃律，而欲取四鎮，更與東、西突厥聯合，對唐形成大包圍陣勢。唐欲隔離吐蕃與西突厥、大食之聯合，安西四鎮能否固守，有決定性的影響，而安西都護之人選更形重要。又因安西都護駐兵不多，糧餉轉輸亦復困難，安西都護如何運用智慧，進行其縱橫捭闔的外交策略，對於西域諸國之挑戰天可汗制度者，亦隨時予以痛擊，以保持四鎮交通路線的暢通，具關鍵的重要性（見表十）。表中所列只是史書有載發外族兵，史書未載，而實際上利用外族兵平亂者，亦當不少，此即天可汗制度之效用也。

表十：安西、北庭都護運用天可汗制度所發外兵表

時　　　間	事　　　由	所　發　外　籍　兵
貞觀八年（634）六月	吐谷渾數寇邊。	段志玄、樊興率邊兵及契苾、党項之眾擊之。
貞觀八年（634）十二月	吐谷渾寇涼州。	李靖爲行軍大總管，率突厥、契苾之眾擊之。
貞觀十三年（639）	伐高昌。	薛延陀。

〔註21〕參見《舊唐書》，卷一九八〈西戎傳〉，焉耆國，頁5302。

貞觀十五年（641）十一月	薛延陀擊突厥俟利苾可汗。	奚、霫、契丹。
貞觀二十年（646）六月	擊薛延陀。	突厥、胡兵、烏羅護、靺鞨。
貞觀二十一年（647）十二月	龜茲王訂黎布失畢失藩臣禮，侵漁鄰國。	鐵勒十三州、突厥、吐蕃、吐谷渾、阿史那賀魯。
貞觀二十二年（648）五月	王玄策奉使至天竺，中天竺王阿羅那順發兵擊玄策。	吐蕃、泥婆羅。
永徽元年（650）七月	西突厥阿史那賀魯寇庭州。	迴紇。
龍朔二年（662）十二月	蘇海政討龜茲。	西突厥興昔亡、繼往絕二可汗。
久視元年（700）八月	西突厥阿悉吉薄露叛。	西突厥斛瑟羅。
開元三年（715）五月	默啜發兵擊葛邏祿、胡祿、鼠尼施等，屢破之。	葛邏祿、胡祿屋、鼠尼施。
開元三年（715）十一月	拔汗那王爲吐蕃、大食所攻。	旁側戎落。
開元五年（717）七月	突騎施引大食、吐蕃，謀取四鎮，圍鉢換及大石城。	三姓葛邏祿。
開元十年（722）八月	吐蕃圍小勃律，其王沒謹忙求救。	北庭節度使張孝嵩遣張思禮發蕃、漢兵四千救之。
開元二十七年（739）八月	西突厥黑姓可汗爾微特勤據怛邏斯城抗唐。	疏勒鎮守使夫蒙靈詧與拔汗那王引兵攻破之。
天寶十載（751）	諸胡潛引大食欲攻四鎮。	安西四鎮節度使高仙芝將蕃、漢三萬眾擊大食。

註：本資料根據《資治通鑑》。

第三節　降胡與蕃將

　　唐代前期百餘年來斷續的征戰，對於如何處置降胡，朝臣時有爭議，而對東、西突厥之處理亦復不同。

一、降胡處置（一）——東突厥

　　漠北爲部落政治，可汗爲眾所擁戴之共主而已，當其勢衰落或被滅，另一強大部落必取而代之，成爲朔塞強權。又因其爲遊牧部落，具有相當的機動性，行動飄忽，寇略無常，使得善城守的農業民族防不勝防。而建立緩衝，以夷制夷，則是唐帝國常用的策略。

　　貞觀三年（629），東突厥突利可汗爲頡利所攻，降唐，四年頡利平，太

宗詔議安邊之術，朝議紛紜，而太宗卒用溫彥博之策者，蓋以漠北薛延陀強大，欲以降胡爲緩衝，遂「於朔方之地，自幽州至靈州置順、祐、化、長四州都督府，又分頡利之地六州，左置定襄都督府，右置雲中都督府，以統其部眾」〔註 22〕。以突利爲順州都督，阿史那思摩爲北開州都督、史大奈爲豐州都督、阿史那蘇尼失爲北寧州都督、史善應爲北撫州都督、康蘇爲北安州都督〔註 23〕。突利、頡利二大可汗一降一擒，率其部落大規模南移，並以之守邊，唐代前期北邊渡過一段平靜的日子。及平薛延陀（646），又滅車鼻（650），北鄙無事，殆三十年。〔註 24〕

　　東突厥經過三十年的休養生息，調露元年（680），單于管內突厥首領阿史德溫傅、奉職二部落相率反叛，立泥孰匐爲可汗，二十四州降胡並叛應之，北邊雲擾達三十六年之久。開元四年（716）默啜爲九姓拔曳固所殺，其部落私毫未受打擊〔註 25〕，默啜一死，默棘建立爲毗伽可汗，又有多智略的暾欲谷爲其謀主，剛剛率眾降居河南之地的突厥諸落，立即叛歸〔註 26〕，河南突厥諸落非唐所擊平，自非唐所能控制。此後東突厥大致與唐維持和平的關係，少有干戈相尋的局面。

二、降胡處置（二）──西突厥

　　西突厥居阿爾泰山之西，天山之北，常隨唐之強弱而叛服靡常。唐得之實不得斗米尺布以供唐用，亦無法徙其部落，置於河南之地，但其戰略地位重要，唐非控制之，則無以保河西之安全；河西不保，關中亦危，故唐於西突厥，一貫使用其羈縻之政策。以其首領爲都督、刺史，皆得世襲，並設都護以統之。「雖貢賦版籍，多不上戶部，然聲教所暨，皆邊州都督、都護所領，著于令式」。〔註 27〕

　　貞觀十四年（640）平高昌，以西突厥泥伏沙鉢羅葉護阿史那賀魯部落置北庭大都護府，尋廢。顯慶三年（658）復置，長安二年（702）爲北庭都護

〔註 22〕 參見《舊唐書》，卷一九四上〈突厥傳上〉，頁 5160～5163。
〔註 23〕 參見《資治通鑑》，卷一九三〈唐紀九〉，太宗貞觀四年五月、六月條，頁 1635。
〔註 24〕 參見《舊唐書》，卷一九四上〈突厥傳上〉，頁 5165～5166。
〔註 25〕 參見《舊唐書》，卷六十七〈李靖傳〉，頁 2479～2480；及同書，卷一九四上〈突厥傳上〉，頁 5173。
〔註 26〕 參見《舊唐書》，卷九十三〈王晙傳〉，頁 2986～2988。
〔註 27〕 參見《新唐書》，卷四十三下〈地理志七下〉，頁 1119。

府，統陰山、大漠、玄池、金附、金滿、輪臺、沙陀、咽麫、鹽祿、哥係、孤舒、西鹽、東鹽、叱勒、迦瑟、憑洛、答爛等十七都督府。〔註28〕

安西大都護府，初治西州，貞觀二十二年（648）移治龜茲，永徽元年（650）徙回西州。顯慶二年（658）平阿史那賀魯，析其地置濛池、崑陵二都護府，統匐延、嗢鹿、潔山、雙河、鷹娑、鹽泊六都督府，並隸於安西大都護（顯慶三年徙往龜茲）。龍朔元年（661），以隴州南由令王名遠爲吐火羅道置州縣使，自于闐以西，波斯以東，凡十六國，以其王都爲都督府，以其屬部爲州縣。〔註29〕

此外，於南疆綠州國平服時，亦各置都督府，以統其眾。貞觀九年（635）置疏勒都督府；貞觀十八年（644）置焉耆都督府；貞觀二十年（646）置龜茲都督府；貞觀二十二年（648）置毗沙都督府。〔註30〕

今試根據史書所載〔註31〕，將安西、北庭、崑陵、濛池四都護之人選作一表，以說明唐代的羈縻統治政策。（參見表十一）

表十一：西域四都護人選表

時　　　間	安西都護	北庭都護	崑陵都護	濛池都護
貞觀十四年（640）	郭孝恪			
貞觀十七年（643）	郭孝恪			
貞觀十八年（644）	郭孝恪			
貞觀十九年（645）	郭孝恪			
貞觀二十年（646）	郭孝恪			
貞觀二十一年（647）	郭孝恪			

〔註28〕 參見同前註引書，頁 1130～1132；萬斯同，《唐邊鎮年表》（收入台灣開明書店製版《二十五史補編》，民國 48 年 6 月台一版），頁 1（總頁數第 7273 頁）。

〔註29〕 參見《新唐書》，卷四十〈地理志四〉，頁 1047；同書，卷四十三下〈地理志七下〉，頁 1135～1137；及萬斯同，前註引書。其十六都督府爲：月支、大汗、條支、天馬、高附、脩鮮、寫鳳、悅般、奇沙、姑墨、旅獒、崑墟、至拔、鳥飛、王庭、波斯。

〔註30〕 參見《新唐書》，卷四十三下〈地理志七下〉，頁 1134。

〔註31〕 參見萬斯同，前註引，頁 1～3（總頁數第 7273～7275）；萬斯同，《唐邊鎮十道節度使表》（收入《二十五史補編》，出處同前註），頁 1～4（總頁數第 7269～7272）；吳廷燮，《唐方鎮年表》（收入《二十五史補編》，出處同前註），頁 223～226（總頁數 7505～7508）。

貞觀二十二年（648）	郭孝恪			
顯慶三年（658）			阿史那彌射	阿史那步眞
顯慶四年（659）			阿史那彌射	阿史那步眞
顯慶五年（660）			阿史那彌射	阿史那步眞
龍朔元年（661）			阿史那彌射	阿史那步眞
龍朔二年（662）	高　賢		爲行軍總管蘇海政所殺	阿史那步眞
龍朔三年（663）	高　賢			阿史那步眞
麟德元年（664）	高　賢			阿史那步眞
麟德二年（665）	麴智湛			阿史那步眞
乾封元年（666）				死
儀鳳三年（678）	杜懷寶			
調露元年（679）	杜懷寶			
永隆元年（680）	王方翼			
開耀元年（681）	杜懷寶			
永淳元年（682）	杜懷寶			
垂拱元年（685）	王世果		阿史那元慶	阿史那斛瑟羅
垂拱二年（686）	王世果		阿史那元慶	阿史那斛瑟羅
垂拱三年（687）	閻溫古		阿史那元慶	阿史那斛瑟羅
垂拱四年（688）	閻溫古		阿史那元慶	阿史那斛瑟羅
永昌元年（689）	閻溫古，七月被殺		阿史那元慶	阿史那斛瑟羅
天授元年（690）			阿史那元慶	阿史那斛瑟羅
天授二年（691）			阿史那元慶	阿史那斛瑟羅
長壽元年（692）			阿史那元慶	阿史那斛瑟羅
長壽二年（693）			爲來俊臣所殺	
久視元年（700）		解琬		
長安元年（701）		解琬		
長安二年（702）		阿史那獻		
長安三年（703）		阿史那獻		
長安四年（704）	阿史那獻	湯嘉惠		阿史那懷道
神龍元年（705）	阿史那獻	湯嘉惠		阿史那懷道

神龍二年（706）	郭元振	湯嘉惠		阿史那懷道
景龍元年（707）	郭元振	湯嘉惠	
景龍二年（708）	郭元振	湯嘉惠	
景龍三年（709）	郭元振（召還）	湯嘉惠	
先天元年（712）		阿史那獻	
開元元年（713）		阿史那獻	
開元二年（714）	呂休璟	郭虔瓘	
開元三年（715）	呂休璟	郭虔瓘	
開元四年（716）		郭虔瓘	
開元五年（717）	湯嘉惠	郭虔瓘	
開元六年（718）	湯嘉惠	郭虔瓘	
開元七年（719）	湯嘉惠	張孝嵩	
開元八年（720）	湯嘉惠	張孝嵩	
開元九年（721）	湯嘉惠	張孝嵩	
開元十年（722）		張孝嵩	
開元十二年（724）		杜暹	
開元十三年（725）		杜暹	
開元十四年（726）		杜暹	
開元十五年（727）	徐欽識	趙頤貞	
開元十六年（728）		趙頤貞	
開元十七年（729）		趙頤貞	
開元十八年（730）	湯嘉惠		
開元十九年（731）		鄭乾觀	
開元二十一年（733）	王斛斯		
開元二十二年（734）	王斛斯	劉渙	
開元二十三年（735）	王斛斯	蓋嘉運	
開元二十四年（736）	王斛斯	蓋嘉運	
開元二十五年（737）	王斛斯	蓋嘉運	
開元二十六年（738）	王斛斯	蓋嘉運	
開元二十七年（739）	王斛斯	蓋嘉運	

開元二十八年（740）	王斛斯	蓋嘉運		
開元二十九年（741）	田仁琬			
天寶元年（742）	夫蒙靈詧			
天寶二年（743）	夫蒙靈詧			
天寶三載（744）	夫蒙靈詧			
天寶四載（745）	夫蒙靈詧			
天寶五載（746）	夫蒙靈詧			
天寶六載（747）	夫蒙靈詧	王安見		
天寶七載（748）	高仙芝	王安見		
天寶八載（749）	高仙芝			
天寶九載（750）	高仙芝			
天寶十載（751）	高仙芝			
天寶十一載（752）	王正見	程千里		
天寶十二載（753）	封常清	程千里		
天寶十三載（754）	封常清	程千里		
天寶十四載（755）	封常清	封常清		

　　由上表知安西都護爲確實統制西域，大部分用漢人，崑陵、濛池都護目的在安撫西突厥十姓，始終以西突厥種任之。

三、重用蕃將

　　李唐皇帝雜有胡漢血統，不重夷夏之防。故太宗平東突厥，「其酋首至長安者皆拜將軍、中郎將等官，布列朝廷，五品以上百餘人」〔註32〕。太宗且自言：「自古皆貴中華，賤夷狄，朕獨愛之如一，故其種落皆依朕如父母」〔註33〕。這種天下一家的觀念爲唐世代保持，玄宗時令有司寫毛詩、禮記、左傳、文選各一部，以賜金城公主，欲其「混一車書，文軌大同」，此正是天下一家的表現。〔註34〕

〔註32〕參見《舊唐書》，卷一九四上〈突厥傳上〉，頁5163。
〔註33〕《資治通鑑》，卷一九八〈唐紀十四〉，太宗貞觀二十一年五月條，頁1681。
〔註34〕參見《唐會要》，卷三十六〈蕃夷請經史〉，頁667；及張建國，《唐代蕃臣蕃將考》（中國文化學院六十一學年度史學研究所碩士論文未刊本），頁1～4。

　　唐室無蕃漢畛城之見，故能用人唯才，大量起用蕃人，外將有官至節度使者；內臣有仕至宰相者。就蕃將而言，胡人生長塞外，善騎射，而唐之外患除西南之吐蕃，就是北方的騎馬民族。太宗時之胡化漢人，能征慣戰者不少，至太宗末年，泰半凋謝，由太宗貞觀十九年伐高麗還，謂薛仁貴云：「朕舊將並老，不堪受閫外之寄，每欲抽擢驍雄，莫如卿者，朕不喜得遼東，喜得卿也」〔註 35〕。由太宗之言，可知唐之重視戰將。及至高宗武后時代，大崇文章之選，士人皆以仕進爲鵠的，加以府兵日益破壞，士人皆恥爲之〔註 36〕，開國以來的活潑進取精神，逐漸僵化。高宗末年至武后年間，四夷復叛，這個突然而起的挑戰，對久無大規模征戰的唐帝國是一大考驗。而且當時的漢將武技已遜於蕃將。《舊唐書・高麗傳》云：

> 天授中，則天嘗內出金銀寶物，令宰相及南北衙文武官內擇善射者五人共賭之。內史張光輔先讓（泉）獻誠爲第一，獻誠復讓右玉鈐衛大將軍薛吐摩支，摩支又讓獻誠，既而獻誠奏曰：「陛下令簡能射者五人，所得者多非漢官。臣恐自此以後，無漢官工射之名，伏望停寢此射。」則天嘉而從之。〔註 37〕

然則天時，漢人名將如婁師德、王孝傑、唐休璟、張仁愿、薛訥、王晙〔註 38〕、郭元振〔註 39〕等，皆能征慣戰，而此期之蕃將有名者如黑齒常之，沙吒忠義等，其他未載入史書者當必不少。

　　至玄宗開元天寶之際，內地重文輕武之風更烈，「子弟爲武官，父兄擯之不齒」〔註 40〕。及開元中，玄宗大肆開邊，內地府兵又不能用，於是唐又用以夷制夷之策，大量起用蕃將，如安祿山、高仙芝、哥舒翰、夫蒙靈詧等。另外軍馬爲戰爭所必須，玄宗開邊，戰馬消耗量大，於是起用以牧馬爲能事的遊牧民族來爲唐養馬，是自然之勢。高麗人王毛仲，因善牧馬而恩寵莫

〔註 35〕 參見《舊唐書》，卷八十三〈薛仁貴傳〉，頁 2780；《資治通鑑》，卷一九八〈唐紀十四〉，太宗貞觀十九年十月條，頁 1677。

〔註 36〕 參見《玉海》，卷一三八〈郗侯家傳〉，頁 2654；《新唐書》，卷五十〈兵志〉，頁 1326～1327。

〔註 37〕 參見《舊唐書》，卷一九九上〈東夷傳〉，高麗國，頁 5328。

〔註 38〕 參見《舊唐書》，卷九十二〈婁師德〉、〈王孝傑〉、〈唐休璟〉、〈張仁愿〉、〈薛訥〉、〈王晙傳〉，頁 2975～2990。

〔註 39〕 參見《舊唐書》，卷九十七〈郭元振傳〉，頁 3042～3048。

〔註 40〕 參見《資治通鑑》，卷二一六〈唐紀三十二〉，玄宗天寶八載十二月條，頁 1851。

比。〔註41〕

　　唐朝自開國以來，邊帥皆用忠厚名臣，不久任，不遙領，不兼統，功名著者往往入爲宰相，如李靖、李勣、劉仁軌、婁師德等人；開元以後，如薛訥、郭元振、張嘉貞、張說、杜暹、蕭嵩、李適之等，皆自邊帥入相。其四夷之將，雖才略如阿史那社爾、契苾何力猶不專大將之任，皆以大臣爲使以制之。社爾討高昌，侯君集爲之帥；何力討高麗，李勣爲之帥。及至開元中，玄宗因對外戰爭，而國內府兵已不能用，蕃兵、蕃將習於塞外風習，且強悍善戰，玄宗不得不用以開邊。最後終爲安祿山倡亂之資，《資治通鑑》載：

> 及開元中，天子有吞四夷之志，爲邊將者十餘年不易，始久任矣；皇子則慶、忠諸王，宰相則蕭嵩、牛仙客，始遙領矣；蓋嘉運、王忠嗣專制數道，始兼統矣。李林甫欲杜邊帥入相之路，以胡人不知書，乃奏言：「文臣爲將，怯當矢石，不若用寒畯胡人；胡人則勇決習戰，寒族則孤立無黨，陛下誠以恩洽其心，彼必能爲朝廷盡死。」上悅其言，始用安祿山。至是諸道節度盡用胡人，精兵咸戍北邊，天下之勢偏重，率使祿山傾覆天下，皆出於林甫之專寵固位之謀也。〔註42〕

第四節　西北極度發展造成的東北危機

　　當太宗致力於遼東的經營時，西方的吐蕃已漸坐大，逐漸向四境拓土，高宗龍朔年間，侵逼吐谷渾，吐谷渾求救於唐，時高宗方事遼東，並未注意吐蕃的威脅。吐谷渾即今之青海，地勢居高臨下，北出可控河西走廊，東出可威脅關中。唐若控制吐谷渾，則進可攻擊吐蕃，退可爲唐與吐蕃之緩衝。惜唐君臣未見及此，遂致龍朔三年（663）吐谷渾遂爲吐蕃所破，吐谷渾可汗走涼州，造成唐與吐蕃直接接觸的局面。與此同時，吐蕃又伸張其勢力達於南疆，整個西北邊疆因爲吐蕃的擴張而充滿著危機。總章元年（668）遼東平，唐始轉移其注意力於西方，欲遷吐谷渾可汗曷諾鉢回故地。議者恐吐蕃侵暴，

〔註41〕參見《舊唐書》，卷一○六〈王毛仲傳〉，頁3254；《新唐書》，卷五十〈兵志〉，頁1338；《資治通鑑》，卷二一二〈唐紀二十八〉，玄宗開元十三年十一月條，頁1817。

〔註42〕參見《資治通鑑》，卷二一六〈唐紀三十二〉，玄宗天寶六載十二月條，頁1849。

使不能自存，欲先發兵擊吐蕃。咸亨元年（670）吐蕃陷四鎮，唐以薛仁貴為邏娑道行軍大總管，阿史那道真、郭待封為之副，率眾十餘萬，以討吐蕃。郭待封多違節度，致兵敗大非川〔註43〕。自是吐蕃連年入寇。唐欲保關中安全，又把全力放在對付吐蕃上，儀鳳三年（678）以李敬玄將兵十八萬討吐蕃，又敗〔註44〕。唐既無法擊潰吐蕃，只得沿邊設防，以備吐蕃之侵擾。

調露元年（679）十月，平息了三十年的北突厥復叛，二十四州降胡起而歸附，唐又趕忙抽調重兵，討伐突厥，十一月，以裴行儉為定襄大總管，並程務挺、李文暕總三十餘萬眾以討突厥，大破之。其後北方斷續寇擾達三十六年之久。在此期間，吐蕃強大而經常入寇。唐處於兩面壓迫下，疲於奔命，當然唐也運用和親與遠交近攻的策略，設法緩和這種壓迫。並再建立北方防禦系統，如郭元振於涼州築和戎城、白亭軍；張仁愿於河北築三受降城；先天元年（712），又於鄯州北置渤海軍，恒、定州境置恒陽軍，嬀、蔚州境置懷柔軍，屯兵五萬〔註45〕；開元五年（717），復置營州〔註46〕等。（參見表十二）。

表十二：高宗武后時北方防禦系統表〔註47〕

府州名	軍	守　捉	城	鎮	戍
涼　　州	赤水、白亭	赤水、烏城、張掖、交城			明威、武安、白山
會　　州	新泉				
靈　　州	豐安、定遠、新昌、朔方經略		豐寧、保寧		
鹽　　州					
夏　　州					
豐　　州			三受降城		

〔註43〕參見《舊唐書》，卷一九六上〈吐蕃傳上〉，頁5219～5223；同書，卷八十三〈薛仁貴傳〉，頁2782～2783。
〔註44〕參見《資治通鑑》，卷二〇二〈唐紀十八〉，高宗儀鳳三年九月條，頁1717～1718。
〔註45〕參見《資治通鑑》，卷二一〇〈唐紀二十六〉，玄宗先天元年八月條，頁1793。
〔註46〕參見《資治通鑑》，卷二一一〈唐紀二十七〉，玄宗開元五年三月條，頁1806。
〔註47〕參見《新唐書》，卷三十七、三十九、四十〈地理志第一〉、〈地理志第三〉、〈地理志第四〉。

勝　州	義勇				
嵐　州	岢嵐	嵐山			
代　州	大同	五台、東冶、鴈門			
雲　州		雲中、樓煩			
并　州	天兵				
忻　州		秀容、高城、漳源、定襄			
蔚　州	橫野	清塞		大安	
易　州	高陽				
嬀　州	清夷、懷柔、寧武、廣邊			淮北、白陽度、雲治、廣邊	橫河、柴城
幽　州	經略、納降、安塞、防禦		赫連	宗王、乾澗、殄寇	召堆、車坊、菖城、河旁
甕　州	威武、鎮遠	東軍、北口	米、三叉、橫山	大王、北來、保要、鹿固、赤城、邀虜、石子䰄	臨河、黃崖
營　州	平盧	渝關、汝羅、懷遠、巫閭、襄平			

註：府州屬縣所屬之軍鎮亦列入。

天寶元年（742），更置十節度使以備邊，鎮兵凡四十九萬人〔註 48〕。其

〔註48〕　《資治通鑑》，卷二一五〈唐紀三十一〉，天寶元年正月條載：「安西節度撫寧西域，統龜茲、焉耆、于闐、疏勒四鎮，治龜茲城，兵二萬四千。北庭節度防制突騎施、堅昆，統瀚海、天山、伊吾三軍，屯伊、西二州之境，治北庭都護府，兵二萬人。河西節度隔斷吐蕃、突厥，統赤水、大斗、建康、寧寇、玉門、墨離、豆盧、新泉八軍，張掖、交城、白亭三守捉，屯涼、肅、瓜、沙、會五州之境，治涼州，兵七萬三千人。朔方節度捍禦突厥，統經略、豐安、定遠三軍，三受降城，安北、單于二都護府，屯靈、夏、豐三州之境，治靈州，兵六萬四千七百人。河東節度與朔方犄角以禦突厥，統天兵、大同、橫野、岢嵐四軍，雲中守捉，屯太原府忻、代、嵐三州之境，治太原府，兵五萬五千人。范陽節度臨制奚、契丹，統經略、武威、清夷、靜塞、恒陽、北平、高陽、唐興、橫海九軍，屯幽、薊、嬀、檀、易、恒、定、漠、滄九州之境，治幽州，兵九萬一千四百人。平盧節度鎮撫室韋、靺鞨，統平盧、盧龍二軍，榆關守捉，安東都護府，屯營、平二州之境，治營州，兵三萬七千五百人。隴右節度備禦吐蕃，統臨洮、河源、白水、安人、振威、威戎、漠門、寧塞、積石、鎮西十軍，綏和、合川、平夷三守捉，屯

中九節度區，分別分布在東、西、北的國防線上。

於邊區駐屯大軍，其食糧供應方式約有兩種：（一）調運內地的糧食；（二）依靠防丁屯田，由自己生產來解決。在開元以前，邊軍較少，每年軍費僅用二百餘萬貫〔註49〕。當時西北邊區雖然已經設立了若干屯田區，但中央政府每年仍然供給邊軍大部分糧食。到了開元以後，吐蕃與契丹時常入侵，唐爲了保衛邊疆的安全和西域的商路，於是設十大軍區，駐守常備兵四十餘萬。當時府兵制已破壞，士兵由招募而來，軍需由政府解決，所以天寶時的軍需，每年高達一千二百餘萬貫〔註50〕，比開元以前增加了五倍以上。中央無法負擔龐大的軍費，爲了保證供應不缺，於是在開元後大規模擴充屯田的區域〔註51〕。至開元二十五年（737）止，全國軍屯總數達一千一百四十屯〔註52〕。若每屯面積以五十頃計〔註53〕，全國軍屯面積有五萬七千餘頃，其中百分之八十分布在邊疆，這自然與邊疆的大量屯兵有關。

突厥自毗伽可汗立後，大致與唐保持和平的關係。西方的吐蕃，卻於此時大肆寇掠，東寇隴右，進逼關中；西侵大、小勃律，與大食合勢；北窺四鎮，予唐朝的西北邊疆以極大的威脅。唐爲保衛首都所在的關中的安全，不得不傾全力以抵抗吐蕃。當唐把注意力全都集中在西方時，握河北三鎮兵符的安祿山趁機坐大，終於釀成安史之亂的大禍。

鄯、廓、洮、河之境，治鄯州，兵七萬五千人。劍南節度西抗吐蕃，南撫蠻獠，統天寶、平戎、昆明、寧遠、澄川、南江六軍，屯益、翼、茂、當、巂、柘、松、維、恭、雅、黎、姚、悉十三州之境，治益州，兵三萬九百人。嶺南五府經略綏靜夷、獠，統經略、清海二軍，桂、容、邕、交四管，治廣州，兵萬五千四百人。此外又有長樂經略，福州領之，兵千五百人。東萊守捉，萊州領之；東牟守捉，登州領之，兵各千人。凡鎮兵四十九萬人，馬八萬餘匹。」

〔註49〕 參見《通典》，卷六〈食貨六〉，賦稅條，頁34。

〔註50〕 同註49。

〔註51〕 參見烏廷玉，〈關于唐代屯田營田的幾個問題──和鄭學檬同志商榷〉，《文史哲》1964年第二期，頁48～53。關於用度不足，《資治通鑑》開元十二年八月條載：「（以宇文融檢括戶口田畝）時上將大攘四夷，急於用度，州縣畏融，多張虛數，凡得客戶八十餘萬，田亦稱是。歲終，增緡錢數百萬，悉進入宮；由是有寵。」其後宇文融得罪，貶爲汝州刺史。《資治通鑑》開元十七年十月條載：「宇文融既得罪，國用不足，上復思之，謂裴光庭曰：『卿等皆言融之惡，朕既黜之矣，今國用不足，將若之何！卿等何以佐朕？』光庭等懼不對。」

〔註52〕 參見烏廷玉，前引文。

〔註53〕 參見《通典》，卷二〈食貨二〉，屯田條，頁19。

第六章　結　論

　　唐代前期的安西四鎮，約當今南疆與俄屬中亞之地，亦即分布於天山南北麓的小綠州國。由於地形上、氣候上的限制，這些小綠州國具有商業上轉運站，與軍事上補給站的雙重重要性，尤其在草原民族與農耕民族的西域爭霸戰中，更顯出其舉足輕重的地位。

　　天山山脈雖高，但有許多南北走向的地塹，自古即爲山北遊牧民族南下掠取綠州農耕民族的財物的通途。漢民族的勢力有盛有衰，而四鎮所扮演的轉運、補給的角色，卻未曾停止過。四鎮君主爲了要維護本國的商業利益，既不能阻山北鐵蹄南下，不如向在人種上、文化上、風俗上比較接近的遊牧民族，稱臣納貢，受其保護。故遊牧民族與綠州國已形成長久的共生關係，因而中國的西北邊疆，完全籠罩在遊牧民族的勢力範圍之內。漢民族要保衛其西北邊疆的安全，就必須打破現狀，進行分化，予以各個擊破，建立漢民族在西域的實際控制權，方能奏效。

　　隋、唐兩代定都關中，欲保關中，必須控有河、隴；欲控有河、隴，必須掌握河西走廊及南疆盆地的控制權。唐代前期的外患，主要是來自北方的突厥，和來自西方的吐蕃。突厥之抄寇，目的在子女玉帛；吐蕃則具領土野心，唐朝應付之法，雖各不同，防止西、北兩蕃合勢的目的，卻是始終不變的。故唐代前期（618～755），將近一百四十年間，與突厥、吐蕃的關係，依彼此國勢之消長，可分爲三期。

　　自武德元年（618）至顯慶三年（658），爲唐帝國勢力開展期。李淵舉兵之初，爲免四面受敵，採和親納幣的方法，厚結漠北強權東突厥。東突厥原利用中國的分裂而坐收漁利，不料唐逐漸削平群雄，有統一天下之勢，於是突厥入寇更加頻繁。唐除迎擊入侵的突厥之外，帝國本身則整軍經武，對外則北結薛延陀、西連西突厥以牽制之。貞觀四年（630），平東突厥，西北諸蕃尊太宗爲天可汗；貞觀二十年（646），滅薛延陀，漠北烽火暫息。平東突

厥後，太宗轉而西向，爭取西域控制權。滅吐谷渾，保持河西走廊的暢通。滅高昌，置安西都護府，以為經營西域的大本營。滅龜茲，移安西都護府於此，統理龜茲、于闐、疏勒、碎葉四鎮，大唐聲威達於蔥嶺之西。顯慶三年（658），蘇定方平西突厥阿史那賀魯，於其地遍設羈縻州府，隸於安西都護府，唐成為亞洲新霸主。

自咸亨元年（670）至開元四年（716），為保守退縮期。高宗前期，因致力於朝鮮半島的經營，並未注意到吐蕃的潛在威脅，等到了朝鮮事了，唐轉而西顧，對唐、吐蕃具有緩衝作用的吐谷渾已為吐蕃所滅。咸亨元年，唐欲重建吐谷渾為緩衝國，不幸敗於大非川，四鎮為吐蕃所控制，安西都護遷回西州，全國籠罩著保守退縮的氣氛。高宗、武后時，東突厥、契丹、奚相繼叛亂，迫使唐的北邊防線，全面南移。為免西、北二番的合勢威脅，武后在長壽元年（692），王孝傑收復安西四鎮後，重新考慮戰略，一方面扶植西南蠻以牽制吐蕃，一方面鞏固河西走廊，加強與安西四鎮的聯繫，故此期亦可稱為孤島式的四鎮經營。

自開元四年（716）至天寶十四載（755），為唐對吐蕃的反包圍時期。盛極一時的突厥默啜可汗，於開元四年為拔曳固頡質略所殺之後，漠北權力中心，轉入毗伽可汗之手。因毗伽可汗用老成持重的暾欲谷為謀主，與唐維持和平的互市關係，玄宗得以傾力對付吐蕃，行其遠交近攻之策，對吐蕃進行反包圍。在這期間，安西四鎮節度使，充分發揮了指揮與牽制之效。在玄宗的全力經營之下，重振唐朝在西域的聲威。天寶十載（751），怛邏斯之役，高仙芝戰敗，唐在中亞的勢力範圍與霸主地位，遂為大食所取代。當唐玄宗積極向西經營時，東北的安祿山趁機坐大，終至亂階。當安史之亂時，唐的勢力從西域退出，唐代前期的西域經營，至此告一段落。

百餘年的西域經營，迫使唐帝國的政治體制與文化價值觀進行幅度大小不同的調整。由於長期的征戰，兵源的消耗很大，於是有募兵制的出現；由於外患壓力的增大，而有長征健兒的出現。大規模的開邊，使得政府財政入不敷出，於是玄宗朝許多斂財專家，如宇文融等，獲得重用；由於對戰馬的需求大增，王毛仲因善養馬而恩寵莫比。戰爭的生離死別，使得全國人民漸漸產生厭戰、逃避的心理，白居易的新樂府——新豐折臂翁可謂具體的反應這種現象。其他與四鎮有關之文字、語言、人種、商業貿易等，因非本論文重點，未予詳論，期待來日再繼續鑽研。

參考書目

壹、重要史料

1. 二十五史刊行委員會輯,《二十五史補編》,不分卷,台北:台灣開明書店,民國48年台一版。

2. 王溥,《唐會要》,一○○卷,台北:世界書局,民國63年四版。

3. 王讜,《唐語林》,八卷,附校勘記,收入台北:藝文印書館,百部叢書集成五十二,守山閣叢書第十二函。

4. 王方慶輯,《魏鄭公諫錄》,五卷,收入台北:藝文印書館,百部叢書集成九十四,畿輔叢書第八函。

5. 王夫之,《讀通鑑論》,三十卷,台北:里仁書局,民國71年3月出版。

6. 王定保,《唐摭言》,十五卷,收入台北:藝文印書館,百部叢書集成四十六,學津討源第二十三函。

7. 王欽若、楊億等,《冊府元龜》,一○○○卷,台北:清華書局據明刻校宋本影印,民國56年3月初版。

8. 王象之,《蜀碑記》,十卷,收入台北:藝文印書館,百部叢書集成九十五,金華叢書第九函。

9. 王鳴盛,《十七史商榷》,一○○卷,台北:大化書局,民國66年5月景印初版。

10. 王應麟,《玉海》,二○四卷,台北:華文書局據元後至元三年慶元路儒學刊本影印,民國56年3月再版。

11. 玄奘譯,《大唐西域記》,十二卷,台北:台灣商務印書館,民國65年7月台二版。

12. 司馬光,《資治通鑑》,二九四卷,台北:宏業書局縮印本,民國67年5月1日再版。

13. 司馬遷，《史記》，一三○卷，新校標點本，台北：鼎文書局，民國 68 年 2 月二版。

14. 宋綬、宋敏求，《唐大詔令集》，一三○卷，台北：鼎文書局，民國 61 年 9 月初版。

15. 祁韻士，《西域釋地》，一卷，收入台北：藝文印書館，百部叢書集成四十六，粵雅堂叢書第三十二函。

16. 杜佑，《通典》，二○○卷，台北：新興書局景印清乾隆殿本，民國 52 年 10 月新一版。

17. 李昉，《太平廣記》，五○○卷，台北：新興書局據乾隆乙亥年刻本景印，民國 58 年 12 月新一版。

18. 李昉等，《文苑英華》，一○○○卷，台北：華文書局影印，民國 54 年 5 月出版。

19. 李泰等，《括地志》，八卷，收入台北：藝文印書館，百部叢書集成四十一，岱南閣叢書第二函。

20. 李肇，《唐國史補》，三卷，收入台北：藝文印書館，百部叢書集成四十六，學津討源第十二函。

21. 李文田輯，《和林金石錄》，收入台北：藝文印書館，百部叢書集成七十九，靈鶼閣叢書第六函，凡 36 頁。

22. 李吉甫，《元和郡縣圖志》，四十卷，京都：中文出版社，1973 年 2 月出版。

23. 李延壽，《南史》，八十卷，新校標點本，台北：鼎文書局，民國 68 年 3 月再版。

24. 李延壽，《北史》，一○○卷，新校標點本，台北：鼎文書局，民國 68 年 3 月再版。

25. 李恢垣，《漢西域圖考》，七卷，台北：樂天出版社，民國 63 年 5 月初版。

26. 吳兢，《貞觀政要》，十卷，上海中華書局據明刻本校刊，台北：台灣中華書局，民國 51 年 5 月台一版。

27. 吳縝，《新唐書糾繆》，二十卷，收入台北：藝文印書館，百部叢書集成二十九，知不足齋叢書第十四函。

28. 吳承志，《唐賈耽記邊州入四夷道里考實》，五卷，收入台北：藝文印書館，叢書集成續編七，求恕齋叢書第八函。

29. 呂夏卿，《唐書直筆》，四卷，收入台北：藝文印書館，百部叢書集成六十六，小萬卷樓叢書第一函。

30. 岑參，《岑嘉州詩》，七卷，上海商務印書館縮印蕭山朱氏藏明正德本，收入四部叢刊初編集部第三十七本。

31. 房玄齡等,《晉書》,一三○卷,新校標點本,台北:鼎文書局,民國 68 年 2 月二版。

32. 姚鉉,《唐文粹》,一○○卷,上海商務印書館縮印校宋明嘉靖刊本,收入四部叢書刊初編集部第一○三本。

33. 姚思廉等,《梁書》,五十六卷,新校標點本,台北:鼎文書局,民國 67 年 11 月再版。

34. 計有功,《唐詩紀事》,八十一卷,上海商務印書館縮印明嘉靖刊本,收入四部叢刊初編集部第一○九本。

35. 段成式,《酉陽雜俎》,前集二十卷,續集十卷,上海商務印書館縮印明刊本,收入四部叢刊初編子部第二十七本。

36. 高適,《高常侍集》,八卷,上海商務印書館縮印明活字印本,收入四部叢刊初編集部第三十七本。

37. 袁樞,《通鑑紀事本末》,四十二卷,上海商務印書館縮印宋刊本,收入四部叢刊初編史部第十三本。

38. 范曄,《後漢書》,九十卷,新校標點本,台北:鼎文書局,民國 67 年 11 月三版。

39. 范祖禹,《唐鑑》,二十四卷,收入台北:藝文印書館,百部叢書集成九十五,金華叢書第九函。

40. 班固,《漢書》,一○○卷,新校標點本,台北:鼎文書局,民國 65 年 10 月再版。

41. 徐松,《西域水道記》,五卷,附漢書西域傳補注二卷,新疆賦一卷,台北:文海出版社據北平隆福寺文奎堂藏版影印,民國 55 年 6 月初版。

42. 張說,《張說之文集》,二十五卷,上海商務印書館縮印明嘉靖丁酉刊本,收入四部叢刊初編集部第三十五本。

43. 張澍輯,《西河舊事》,收入台北:藝文印書館,百部叢書集成五十一,澤古齋重抄本二函,凡 7 頁。

44. 張九齡,《曲江張先生文集》,二十卷,上海商務印書館縮印南海潘氏藏明成化本,收入四部叢刊初編集部第三十五本。

45. 陳壽,《三國志》,六十五卷,新校標點本,台北:鼎文書局,民國 67 年 11 月三版。

46. 陳芳績,《歷代地理沿革表》,四十七卷,收入台北:藝文印書館,百部叢書集成八十六,史學叢書第三十四～三十六函。

47. 陳傅良,《歷代兵制》,八卷,收入台北:藝文印書館,百部叢書集成五十二,守山閣叢書第八函。

48. 溫大雅,《大唐創業起居注》,三卷,收入台北:藝文印書館,百部叢書集成四十六,學津討源第九函。

49. 董誥等編，《欽定全唐文》，一○○○卷，台南：經緯書局影印，民國 54 年 6 月出版。

50. 慧立撰，釋彥悰箋，《大唐大慈恩寺三藏法師傳》，十卷，收入大藏經第九十九冊，台北：中華佛教文化館大藏經委員會影印，民國 46 年 10 月出版。

51. 歐陽忞，《輿地廣記》，三十八卷，收入台北：藝文印書館，百部叢書集成四十五，士禮居叢書第三函。

52. 歐陽修、宋祁等，《新唐書》，二二五捲，新校標點本，台北：鼎文書局，民國 70 年 1 月三版。

53. 劉昫等，《舊唐書》，二○○卷，新校標點本，台北：鼎文書局，民國 70 年 1 月三版。

54. 劉肅，《大唐新語》，十三卷，收入台北：藝文印書館，百部叢書集成十四，稗海第一函。

55. 錢易，《南部新書》，十卷，收入台北：藝文印書館，百部叢書集成四十六，學津討源第二十三函。

56. 錢大昕，《二十二史考異》，一○○卷，京都：中文書版社，1976 年 8 月出版。

57. 錢謙益、李振宜輯，《全唐詩稿本》，七一六卷，台北：聯經出版社事業公司據國立中央圖書館珍藏清稿本影印，民國 68 年 9 月出版。

58. 魏收，《魏書》，一一四捲，新校標點本，台北：鼎文書局，民國 68 年 2 月二版。

59. 顧祖禹，《讀史方輿紀要》，一三○卷，台北：新興書局據桐華書屋校補敷文閣藏板龍萬育原刊原刻本影印，民國 56 年 6 月一版。

60. 魏徵等，《隋書》，八十五卷，新校標點本，台北：鼎文書局，民國 68 年 2 月二版。

貳、一般論著

一、中 文

（一）專 書

1. 丁謙，《隋書四夷傳地理考證》，浙江圖書館叢書第一集，台北：藝文印書館影印。

2. 丁謙，《新唐書各外國傳地理考證》，浙江圖書館叢書第一集，台北：藝文印書館影印。

3. 王恢，《中國歷史地理》，台北：學生書局，民國 68 年 4 月第二版。

4. 王吉林，《唐代南詔與李唐關係之研究》，台北：中國學術著作獎助委員

會出版，民國 65 年 7 月初版。

5. 王益厓，《中國地理》，台北：正中書局，民國 68 年 8 月台十八版。

6. 王桐齡，《中國民族史》，台北：華世出版社，民國 66 年 10 月台一版。

7. 王國維，《王觀堂先生全集》，台北：文華出版公司，民國 57 年 3 月一版。

8. 王國維，《海寧王靜安先生遺書》，台北：台灣商務印書館，民國 65 年 7 月台一版。

9. 巴克爾著，黃淵靜譯，《韃靼千年史》，台北：台灣商務印書館，民國 65 年 9 月台二版。

10. 石璋如等，《中國歷史地理》，台北：中華文化出版事業攝，民國 57 年 7 月三版。

11. 札奇斯欽，《北亞遊牧民族與中原農業民族間的和平戰爭與貿易之關係》，台北：正中書局，民國 66 年台二版。

12. 向達，《唐代長安與西域文明》，台北：明文書局，民國 70 年 9 月初版。

13. 全漢昇，《中國經濟史研究》（上），香港：崇文書店，1976 年 3 月出版。

14. 汪大鑄，《國防地理》，台北：國防部總政戰部印行，民國 41 年 5 月初版。

15. 沙畹（E. Chavannes）著，馮承鈞譯，《西突厥史料》，台北：台灣商務印書館，民國 55 年 8 月台一版。

16. 李符桐，《回鶻史》，台北：文風出版社，民國 52 年 7 月初版。

17. 李樹桐，《唐史考辨》，台北：台灣中華書局，民國 67 年台三版。

18. 李樹桐，《唐史新論》，台北：台灣中華書局，民國 61 年 4 月初版。

19. 李樹桐，《唐史研究》，台北：台灣中華書局，民國 68 年 6 月初版。

20. 李樹梓，《唐玄奘新傳》，台北：台灣商務印書館，民國 67 年 3 月初版。

21. 呂思勉，《隋唐五代史》，台北：九思出版社，民國 66 年 12 月台一版。

22. 吳宗嶽，《中國的地緣政治》，台北：中華文化出版事業社，民國 53 年 6 月初版。

23. 吳熙載，《通鑑地理今釋》，台北：新興書局據江蘇書局本影印，民國 48 年 11 月初版。

24. 岑仲勉，《中外史地考證》，台北：泰順書局，民國 62 年 1 月出版。

25. 岑仲勉，《西突厥史料補闕及考證》，京都：中文出版社，1972 年 8 月初版。

26. 岑仲勉，《通鑑隋唐紀比事質疑》，台北：九思出版社，民國 67 年 5 月台一版。

27. 何永成，《唐代神策軍研究——兼論神策軍與中晚唐政局》，台北：中國

文化大學史學研究所碩士論文油印本，民國 71 年 6 月。

28. 何建民，《隋唐時代西域人華化考》，台北：新文豐出版公司，民國 68 年 5 月初版。

29. 羽田亨著，耿世民譯，《西域文化史》，烏魯木齊：人民出版社，1981 年 9 月第一版。

30. 周昆田，《中國邊疆民族簡史》，台北：台灣書店，民國 50 年 1 月出版。

31. 胡耐安，《中國民族志》，台北：台灣商務印書館，民國 53 年 8 月台一版。

32. 侯林柏，《唐代夷狄邊患史略》，台北：台灣商務印書館，民國 68 年 3 月二版。

33. 姚大中，《古代北西中國》，台北：三民書局，民國 70 年 5 月初版。

34. 姚從吾，《東北史論叢》，台北：正中書局，民國 48 年 9 月台初版。

35. 馬長壽，《突厥人和突厥汗國》，上海：人民出版社，1957 年 5 月第一版。

36. 梁寒操等，《新疆研究》，台北：中國邊疆歷史語文學會出版，民國 53 年 6 月初版。

37. 康樂，《唐代前期的邊防》，台北：國立台灣大學出版委員會，民國 68 年 6 月初版。

38. 張星烺，《中西交通史料彙編》，台北：世界書局，民國 51 年初版。

39. 張建國，《唐代蕃臣蕃將考》，台北：中國文化學院史學研究所碩士論文油印本，民國 61 年。

40. 曹嘉琪，《中國唯一女皇帝——武則天政治事業之研究》，台北：中國文化學院史學研究所六十八年度碩士論文未刊本。

41. 陳正祥，《中國文化地理》，台北：龍田出版社，民國 71 年 4 月初版。

42. 陳民耿，《地緣政治學》，台北：華岡出版公司，民國 65 年 10 月三版。

43. 陳寅恪，《陳寅恪先生論文集》，台北：九思出版社，民國 66 年 6 月增訂二版。

44. 陶希聖，《唐代之交通》，台北：食貨出版社，民國 63 年 4 月出版。

45. 馮承鈞，《西域地名》，台北：華世出版社，民國 65 年 12 月台一版。

46. 馮承鈞編譯，《西域南海史地考證譯叢甲集》，台北：台灣商務印書館，民國 61 年 8 月台一版。

47. 馮承鈞編譯，《西域南海史地考證譯叢乙集》，台北：台灣商務印書館，民國 61 年 8 月台一版。

48. 曾問吾，《中國經營西域史》，台北：文海出版社據民國 25 年版影印發行。

49. 黃麟書,《中國邊塞研究》,香港:造陽文學社,民國68年12月出版。

50. 黃麟書,《唐代詩人塞防思想》,香港:造陽文學社,民國69年1月版。

51. 葛德石(G. B. Cressey)著,張印堂、劉心務譯,《亞洲之地與人》,台北:台灣商務印書館,民國55年8月台一版。

52. 斐格萊(James Fairgrieve)著,張富康譯,《地理與世界霸權》,台北:台灣商務印書館,民國54年8月台一版。

53. 斯坦因(Sir Aurel Stein)著,向達譯,《斯坦因西域考古記》,台北:台灣中華書局,民國69年8月台三版。

54. 傅樂成,《漢唐史論集》,台北:聯經出版社事業公司,民國66年9月初版。

55. 勞經原,《唐折衝府考》,四卷,收入台北:藝文印書館,叢書集成三編之五,郵齋叢書第二函。

56. 楊樹藩,《唐代政制史》,台北:正中書局,民國63年6月台三版。

57. 雷家驥,《唐代中央權力結構及其演進》,台北:中國文化學院史學研究所六十八年博士論文未刊本。

58. 廖幼華,《初唐河東道研究——對外策略的研究》,台北:中國文化大學史學研究所碩士論文油印本,民國71年6月。

59. 蔣君章,《中國邊疆與國防》,台北:黎明文化事業公司,民國68年8月初版。

60. 蔣緯國等,《中國歷代戰爭史》,台北:黎明文化事業公司,民國65年10月修定一版。

61. 劉義棠,《中國邊疆民族史》,台北:台灣中華書局,民國58年11月初版。

62. 劉義棠,《維吾爾研究》,台北:正中書局,民國68年7月台二版。

63. 劉伯驥,《中西文化交通小史》,台北:正中書局,民國50年4月修訂一版。

64. 鮑曼(Bowman Isaiah)著,陸鴻圖等譯,《世界地略學》,台北:中華文化事業出版委員會,民國46年4月初版。

65. 謝海平,《唐代留華外國人生活考述》,台北:台灣商務印書館,民國67年12月初版。

66. 藍文徵,《隋唐五代史》,台北:台灣商務印書館,民國67年5月台三版。

67. 藤田豐八等著,楊鍊譯,《西北古地研究》,台北:台灣商務印書館,民國63年10月台二版。

68. 藤田豐八著,楊鍊譯,《西域研究》,台北:台灣商務印書館,民國60年

3 月台一版。

69. 羅伯特・克萊本（Robert Claiborne）著，楊震宇譯，《氣候、人、歷史》，香港：今日世界出版社，1981 年 10 月二版。

70. 羅香林，《唐代文化史》，台北：台灣商務印書館，民國 63 年 6 月台四版。

71. 羅振玉，《羅雪堂先生全集初編》，台北：文華出版公司，民國 57 年 12 月一版。

72. 羅振玉，《羅雪堂先生全集續編》，台北：文華出版公司，民國 58 年 7 月一版。

73. 羅振玉，《羅雪堂先生全集三編》，台北：文華出版公司，民國 59 年 4 月一版。

74. 羅振玉，《羅雪堂先生全集四編》，台北：大通書局，民國 61 年 12 月出版。

75. 羅振玉，《唐折衝府考補》，收入台北：藝文印書館，叢書印書館，叢書集成三編之六，學術叢編第六函。

76. 羅振玉，《高昌麴氏年表》，收入台北：藝文印書館，叢書集成續編之八，雪堂叢刻第五函。

77. 羅振玉，《西陲石刻後錄》，收入台北：藝文印書館，叢書集成續編之八，雪堂叢刻第六函。

78. 嚴耕望，《唐史研究叢稿》，香港：新亞研究所，民國 58 年 10 月初版。

79. 嚴耕望，《唐僕尚丞郎表》，台北：中央研究院歷史語言研究所，民國 45 年 4 月初版。

80. 邊疆論文集編纂委員會，《邊疆論文集》，台北：國防研究院，民國 53 年元月台初版。

81. 顧頡剛、史念海，《中國疆域沿革史》，台北：史地研究社出版，民國 66 年。

（二）期刊論文

1. 大谷勝眞著，周一良譯，〈安西四鎮之建置及其異同〉，《禹貢半月刊》第一卷第十一期，民國 23 年 8 月，頁 355～361。

2. 王民信，〈隋唐對於吐谷渾之經營〉，收入《邊疆論文集》（台北：國防研究院，民國 53 年元月台初版），頁 119～130。

3. 王仲孚，〈初唐的西域經營與安西都護府〉，《國立台灣師範大學歷史學報》第三期，民國 64 年 2 月，頁 247～278。

4. 王桐齡，〈漢唐之和親政策〉，《史學年報》第一卷第一期，民國 18 年 5 月，頁 9～14。

5. 王靜如，〈突厥文回紇英武威遠毗伽可汗碑譯釋〉，《輔仁學誌》第七卷第一、二期，民國 27 年 12 月，頁 186～240。

6. 石萬壽，〈玄奘西遊時間的探討〉，《大陸雜誌》第四十二卷第六期，民國 60 年 3 月，頁 15～24。

7. 石萬壽，〈唐迴關係新論〉，《國立成功大學歷史學報》第三號，民國 65 年 7 月，頁 175～210。

8. 札奇斯欽，〈對『回鶻馬』問題的一個看法〉，《食貨月刊復刊》第一卷第一期，民國 60 年 4 月，頁 21～28。

9. 史念海，〈兩唐書地理志互勘〉，《禹貢半月刊》第三卷第六期，民國 24 年 5 月，頁 17～29。

10. 羽田亨著，宋念慈譯，〈東西交通與西域人種研究〉，《中國邊政》第十七期，民國 56 年 3 月，頁 15～17。

11. 羽田亨著，宋念慈譯，〈西域地方的漢族文化〉，《中國邊政》第二十一期，民國 57 年 3 月，頁 15～19。

12. 向達，〈評黃文弼近著高昌三種〉，《國立北平圖書館館刊》第六卷第五期，民國 21 年 9 月，頁 119～131。

13. 朱杰勤，〈中國和伊朗歷史上的友好關係〉，《歷史研究》1978 年第七期，1978 年 7 月，頁 72～82。

14. 朱寶唐，〈七八九世紀間的唐朝與吐蕃〉，《中國邊政》第二十四期，民國 57 年 12 月，頁 5～11。

15. 任育才，〈突厥之文化型態及其對唐代之影響〉，《文史學報》第二期，民國 61 年 5 月，頁 133～160。

16. 伊瀨仙太郎著，邱添生譯，〈唐朝對塞外系內徒民族之基本態度〉，《大陸雜誌》第三十六卷第十一期，民國 57 年 6 月，頁 381～385。

17. 辛文，〈高昌故城和交河故城〉，《文物》第十二期，1976 年 12 月，頁 87～88。

18. 宋常廉，〈唐代的馬政〉，《大陸雜誌》第二十九卷第一、二期，民國 53 年 7 月，頁 29～33、27～32。

19. 沙學浚，〈樓蘭綠洲的存廢與漢唐經營西域的路線〉，《香港大學五十週年紀念論文集》第二冊，1966 年，頁 207～216。

20. 沈忱農，〈唐代利用外援及其影響〉，《中興評論》第四卷第一、二期，民國 46 年 1、2 月，頁 9～10、11～12。

21. 杜洽，〈唐代府兵考〉，《史學年報》第三卷第一期，民國 28 年 12 月，頁 1～27。

22. 杜洽，〈唐初鎮兵考〉，《史學年報》第三卷第二期，民國 29 年 12 月，頁 29～71。

23. 杜光簡，〈唐宋兩代產絲地域考〉，《責善半月刊》第二卷第五期，民國30年5月，頁7～16。

24. 李承三，〈西北地理環境與我民族〉，《邊政公論》第二卷第六、七、八期，民國32年9月，頁21～24。

25. 李符桐，〈兩唐書回鶻可汗世系之研究〉，《大陸雜誌》第三十二卷第九期，民國55年5月，頁4～10。

26. 李樹桐，〈玄武門之變及其對政治的影響〉，《大陸雜誌》第二十三卷第五、六期，民國50年9月，頁9～14、14～20。

27. 李樹桐，〈唐代之軍事與馬〉，《國立台灣師範大學歷史學報》第二期，民國63年2月，頁13～45。

28. 李樹桐，〈唐代的馬與交通〉，《國立台灣師範大學歷史學報》第五期，民國66年4月，頁183～228。

29. 李樹桐，〈開元盛世之研究〉，《國立台灣師範大學歷史學報》第六期，民國67年5月，頁1～47。

30. 李樹桐，〈唐太宗的安唐策〉，《國立台灣師範大學歷史學報》第七期，民國68年5月，頁65～81。

31. 李樹桐，〈三辨唐高祖稱臣於突厥事〉，《大陸雜誌》第六十一卷第四期，民國69年10月，頁10～22。

32. 阮廷瑜，〈高適西行河右係赴哥舒翰召聘〉，《大陸雜誌》第二十五卷第六期，民國51年9月，頁13。

33. 岑仲勉，〈跋突厥文闕特勤碑〉，《輔仁學誌》第六卷一、二期，民國26年6月，頁249～273。

34. 岑仲勉，〈新唐書突厥傳擬注〉，《輔仁學誌》第六卷一、二期，民國26年6月，頁173～247。

35. 邱添生，〈唐朝起用外族人士的研究〉，《大陸雜誌》第三十八卷第四期，民國58年2月，頁20～32。

36. 谷霽光，〈鎮戍與防府〉，《禹貢半月刊》第三卷第十二期，民國24年8月，頁1～12。

37. 谷霽光，〈西魏北周和隋唐間的府兵〉，《中國社會經濟史集刊》第五卷第一期，民國26年3月，頁85～120。

38. 孟凡人，〈弓月城和阿力麻里城方位考〉，《中國史研究》1979年第四期，頁129～135。

39. 林恩顯，〈突厥文古碑簡介〉，《邊政學報》第九期，民國59年5月，頁24～25。

40. 林恩顯，〈突厥文化及其唐朝之影響〉，《食貨月刊復刊》第二卷第七期，民國61年10月，頁1～17。

41. 林恩顯，〈統葉護可汗時代的西突厥研究〉，《國立政治大學學報》第二十一期，民國 59 年 5 月，頁 279～293。

42. 吳平，〈唐初突厥兵在中國行為之臆測〉，《書目季刊》第九卷第一期，民國 64 年 6 月，頁 69～72。

43. 吳其昌，〈隋唐邊政之借鑑〉，收入《邊疆論文集》（台北：國防研究院，民國 53 年元月台初版），頁 96～118。

44. 吳翊寅，〈唐節度使建置分并考〉，《華國月刊》第二卷第九冊，民國 14 年 10 月，頁 3159～3187。

45. 周昆田，〈從北史及隋唐書中看古突厥文化〉，《中國邊政》第十八期，民國 56 年 6 月，頁 7～9。

46. 竺可楨，〈中國近五千年來氣候變遷的初步研究〉，《考古學報》1972 年第一期，頁 15～38。

47. 胡秋原，〈突厥與回紇帝國之興衰〉，《反攻》第二三七期，民國 50 年 12 月，頁 5～12。

48. 柳詒徵，〈唐初兵數考〉，《學衡》第四十五期，民國 14 年 9 月，頁 1～13。

49. 康樂，〈唐代前期的邊軍〉，《史原》第七期，民國 65 年 10 月，頁 39～87。

50. 唐長孺，〈敦煌吐魯番史料中有關伊西北庭節度使留后問題〉，《中國史研究》1980 年第三期，頁 3～11。

51. 唐耕耦，〈唐代前期的雜徭〉，《文史哲》1981 年第四期，頁 34～37。

52. 烏廷玉，〈關於唐代屯田、營田的幾個問題——和鄭學檬同志商榷〉，《文史哲》1964 年第二期，頁 48～53。

53. 章群，〈唐代降胡安置考〉，《新亞學報》第一卷第一期，1955 年 8 月，頁 249～329。

54. 梁園東，〈「桃花石」為「天子」，「桃花石汗」為「天可汗」說〉，《邊政公論》第三卷第四期，民國 33 年 4 月，頁 48～54。

55. 張國剛，〈唐代監軍制度考論〉，《中國史研究》，1981 年第二期，頁 120～133。

56. 堀謙德著，紀彬譯，〈于闐國考〉，《禹貢半月刊》第四卷第一、四期，民國 24 年 9 月、10 月，頁 67～82、21～34。

57. 陳垣，〈大唐西域記撰人辯機〉，《中央研究院歷史語言研究所集刊》第二本第一分，民國 19 年 5 月，頁 77～88。

58. 陳慶隆，〈堅昆、點戛斯與布魯特考〉，《大陸雜誌》第五十一卷第五期，民國 64 年 11 月，頁 1～12。

59. 馮承鈞，〈樓蘭鄯善問題〉，《輔仁學誌》第三卷第二期，民國 21 年 7 月，頁 1～12。

60. 馮承鈞譯，伯希和（Paul Pelliot）撰，〈中亞史地譯叢〉，《輔仁學誌》第三卷第一期，民國 21 年，頁 3～37。

61. 馮漢鏞，〈關于「經西寧通西域路線」的一些補充〉，《考古通訊》1958 年第七期，頁 59～64。

62. 勞榦，〈從歷史和地理看過去的新疆〉，《大陸雜誌》第二卷第八期，民國 40 年 4 月，頁 11～15。

63. 黃文弼，〈新疆地形概述〉，《邊政公論》第一卷第十一、十二期，民國 31 年 7 月，頁 18～22。

64. 黃文弼，〈羅布淖爾水道之變遷〉，《禹貢半月刊》第五卷第二期，民國 25 年 3 月，頁 1～4。

65. 黃文弼，〈由考古上所見到的新疆在文化上之地位〉，《禹貢半月刊》第四卷第六期，民國 24 年 11 月，頁 1～4。

66. 黃文弼，〈古高昌國歷史略述〉，《金陵學報》第十卷第一、二期，民國 29 年 5 月，頁 105～112。

67. 黃文弼，〈古樓蘭國歷史及其在中西交通上之地位〉，《史學集刊》第五期，民國 36 年 12 月，頁 111～146。

68. 黃仲琴，〈闕特勤碑〉，《國立中山大學語言歷史研究所周刊》一○○期，民國 18 年 10 月，頁 4018～4025。

69. 黃盛璋，〈唐代戶口的分布與變遷〉，《歷史研究》，1980 年 6 月，頁 91～108。

70. 費海璣，〈唐與吐蕃回紇的關係新論〉，《新時代》第五卷第六期，民國 54 年 6 月，頁 32～33。

71. 程純樞，〈新疆及外蒙古之氣候〉，《邊政公論》第一卷第十一、十二期，民國 31 年 7 月，頁 23～29。

72. 雷家驥，〈從戰略發展看唐朝節度使體制的創建〉，《簡牘學報》第八期，民國 68 年 11 月，頁 215～259。

73. 鄭壽彭，〈唐人筆下吟邊疆〉，《中國邊政》第四十一期，民國 62 年 3 月，頁 36～38。

74. 劉衍淮，〈天山南路的雨水〉，《女師大學術季刊》第二卷第一期，出版時間不詳，頁 995～1003。

75. 鄺平樟，〈唐代公主和親考〉，《史學年報》第二卷第二期，民國 24 年 9 月，頁 23～68。

76. 鄺平樟，〈唐代都護府之設置及其變遷〉，《禹貢半月刊》第五卷第十期，民國 25 年 7 月，頁 275～285。

77. 蕭啟慶，〈北亞遊牧民族南侵各種原因的檢討〉，《食貨月刊復刊》第一卷第十二期，民國 61 年 3 月，頁 1～11。

78. 韓叔信，〈俄領西土耳其斯坦與中國在歷史上之關係〉，《史學年報》第一卷第二期，民國 30 年 11 月，頁 159～166。

79. 韓儒林譯，〈蒙古之突厥碑文導言〉，《禹貢半月刊》第七卷第一、二、三期，民國 37 年 4 月，頁 213～222。

80. 韓儒林重譯，丹麥 V. Thomsen 譯，〈突厥文苾伽可汗碑譯釋〉，《禹貢半月刊》第六卷第六期，民國 36 年 11 月，頁 1～14。

81. 韓儒林重譯，丹麥，V. Thomsen 譯，〈突厥文暾欲谷碑譯文〉，《禹貢半月刊》第六卷第七期，民國 36 年 12 月，頁 21～30。

82. 羅香林，〈唐代天可汗考〉，《東方雜誌》第四十一卷第十六期，民國 34 年 8 月，頁 44～46。

83. 羅香林，〈唐代天可汗制度考〉，《新亞學報》第一卷第一期，1955 年 8 月，頁 209～243。

84. 嚴耕望，〈唐代北庭都護府通西州伊州諸道考〉，《中國文化研究所學報》第七卷第十一期，1974 年 12 月，頁 95～110。

85. 嚴耕望，〈唐代河湟青海地區交通軍鎮圖考〉，《新亞學報》第十一卷上冊，1976 年 3 月，頁 223～316。

86. 嚴耕望，〈唐代茂州西通吐蕃兩道考〉，《中國文化研究所學報》第一卷，1968 年 9 月，頁 1～23。

87. 嚴耕望，〈唐代洛陽太原道驛程考〉，《中央研究院歷史語言研究所集刊》第四十二本第一分，民國 59 年，頁 5～232。

88. 嚴耕望，〈唐代長安東北通勝州振武軍驛道考〉，《新亞學報》第十卷第一期，1973 年 7 月，頁 233～248。

89. 嚴耕望，〈唐代涼州西通安西道驛程考〉，《中央研究院歷史語言研究所集刊》第四十三本第三分，民國 60 年，頁 335～402。

90. 嚴耕望，〈唐代太原北塞交通圖考〉，《新亞學報》第十三卷，1980 年 6 月，頁 81～137。

91. 嚴耕望，〈唐代長安西通涼州兩道驛程考〉，《中國文化研究所學報》第四卷第一期，1971 年 9 月，頁 23～92。

92. 嚴耕望，〈唐代國內交通與都市〉，《大陸雜誌》第八卷第四期，民國 43 年 2 月，頁 3～5。

93. 嚴耕望，〈談唐代地方行政區劃〉，《民主評論》第十七卷第三期，民國 55 年 3 月，頁 20～21。

94. 嚴耕望，〈唐代文化約論〉，《大陸雜誌》第四卷第八期，民國 41 年 4 月，頁 1～9。

二、日 文

（一）專 書

1. 内陸アジア史學會，《内陸アジア史論集第一》，東京：圖書刊行會，昭和 55 年 5 月二版發行。

2. 内陸アジア史學會，《内陸アジア史論集第二》，東京：圖書刊行會，昭和 54 年 9 月。

3. 布目潮渢，《隋唐帝國》，中國の歷史之四，東京：講談社，昭和 54 年 4 月第四刷。

4. 羽田明，《西域》，四界の歷史十，東京：河出書房新社，昭和 49 年 4 月。

5. 佐藤長，《古代チベツト史研究》，京都：同朋舍，昭和 52 年 7 月再版。

（二）期刊論文

1. 佐藤長，〈唐代にわける青海，ラサ間の道程〉，《東洋史研究》第三十四卷第一期，昭和 50 年 6 月，頁 1～23。

2. 松田壽男，〈青海史論──古代アジアの國際交流にのセてー〉，《東洋學術研究》第三卷第二期，1964 年，頁 59～75。

3. 嶋崎昌，〈可汗浮図城考〉，《東洋學報》第四十六卷第二、三期，1963 年 9、12 月，頁 1～35、31～65。

三、英 文

1. Cole, J. P. *Geography of the U.S.S.R.* London, Penguin Books, 1968, Reprinted.

2. Fitzgerald, C. P. *The Empress Wu.* Taipei, Rainbow-Bridge Reprinted, 1981.

3. Gregory, James S. *Russian Land Soviet People* London, Harrap Books, 1968.

4. Herbert, P. A. *Under the Brilliant Emperor: Imperial authority in T'ang China as seen in the writings of Chang Chiu-ling* Canberra, Astralian National University Press, 1978.

5. Pulleyblank. E. G. *The Background of the Rebellion of An Lu-Shan* Taipei, Rainbow-Bridge Reprinted, 1973.

6. Richardson, H. E. *A Short History of Tibet* E. P. Dutton & CO., INC. N.Y. 1962.

7. Twitchett, D. *The Cambridge History of China* Volume 3, *Sui and T'ang China, 589~906* Part I, N.Y. Melbourne, First Published, 1979.

附錄一：唐代御史與相關使職探討[※]

曾賢熙　著[※]

一、前　言

　　御史職司官箴風紀，政風良窳端繫於此，故歷代君主極重御史之職。唐沿隋制，於中央設御史臺，時屬朝代初建，全國官僚員額不多，御史臺編制小，官階亦不高。隨政務之益增，文武官員之編制亦不斷擴大，御史臺卻未隨之擴編，欲以少量員額之御史，爲人君耳目兼爲百姓青天，勢有所不逮。且御史於日常例行公事之外，又多臨時差遣，隨時間之推移，所轄之事益多而雜，終至本末倒置，殊爲可惜。當御史面臨人少事繁之時，統治者爲圖一時之便，常以他官（或御史）兼使職，雖能收速效於一時，終非長久之制度。且臨時差遣之使職，其事權常與御史重疊，易致混淆，此實唐代御史制度之缺失〔註1〕。本文試就唐代與御史有關諸使職作一探討。

二、御史臺的地位、組織與職掌

　　御史臺在唐代政府組織中，位階居於在京職事官之次，《資治通鑑》載武德七年（624）頒定之政府組織云：

※ 本文曾刊載於《宋旭軒教授八十榮壽論文集》，民國89年1月。
※ 現任大葉大學造形藝術學系與通識教育中心副教授。
〔註1〕《新唐書》（臺北：鼎文書局，民國70年1月三版），卷四十六〈百官一〉，頁1181～1182載：「初，太宗省內外官，定制爲七百三十員，曰：『吾以此待天下賢材，足矣。』然是時已有員外置，其後又有特置，同正員。至於檢校、兼、守、判、知之類，皆非本制。又有置使之名，或因事而置，事已則罷，或置而不廢。其名類繁多，莫能徧舉。自中世已後，盜起兵興，又有軍功之官，遂不勝其濫矣。」

三月，初定令，以太尉、司徒、司空為三公，次尚書、門下、中書、
秘書、殿中、內侍為六省，次御史臺，次太常至太府為九寺，次將
作監，次國子學，次天策上將府，次左、右衛至左、右領衛為十四
衛；東宮置三師、三少、詹事及兩坊、三寺、十率府；王、公置府
佐、國官，公主置邑司，並為京職事官。〔註2〕

但其受重視程度不亞他官，《唐語林》載：

御史主彈奏不法，肅清內外。唐興，宰輔多自憲司登鈞軸，故謂御
史為宰相。杜鴻漸拜授之日，朝野傾羨。監察御史振舉百司綱紀，
名曰「入（八）品宰相」。〔註3〕

唐代監察制度依隋之舊而損益之，其編制據《唐六典》載：「御史臺，
大夫一人，中丞二人，侍御史四人，主簿一人，錄事二人，令史十五人（《舊
唐書》為十七人），書令史二十五人（《舊唐書》為二十三人），亭長六人（《舊
唐書》無），掌固十二人（《舊唐書》無）。殿中侍御史六人，令史八人，書
令史十人（《舊唐書》為十八人）。監察御史十人，令史三十四人（《舊唐書》
無）。」〔註4〕共一三六人，以之與龐大中央地方官僚集團相較，其職責自
然繁重。

御史臺組織約可分為三級：

第一級為御史大夫，一人，正三品（《唐六典》為從三品；《舊唐書·職
官志》載會昌二年十二月昇為正三品），為臺主，其掌邦國刑憲典章之政令，
以肅正朝列。《唐六典》載：

凡天下之人有稱冤而無告者，與三司詰之；凡中外百僚之事應彈劾
者，御史言於大夫，大事則方幅奏彈，小事則署名而已。若有制使
覆囚徒，則（與）刑部尚書參擇之。凡國有大禮，則乘輅車以為之
導。〔註5〕

第二級為御史中丞，二人，正四品下（《舊唐書·職官志》載隋為從五

〔註2〕見《資治通鑑》（臺北：宏業書局縮印本，民國67年5月1日再版），卷一九
○，唐紀六，高祖武德七年三月條，頁5978。
〔註3〕見《唐語林校證》（北京：中華書局，1987年7月第一版），卷八，頁692。
〔註4〕見《大唐六典》（臺北：文海出版社，民國63年6月四版），卷十三，御史臺，
頁262；《舊唐書》（臺北：鼎文書局，民國70年1月三版），卷四十四〈職官
三〉，頁1861～1863。
〔註5〕見《大唐六典》，卷十三，御史臺，頁262～264；《舊唐書》，卷四十四〈職官
三〉，頁1861～1862。

品，武德因之，後昇爲正五品上，會昌二年十二月昇爲正四品下），爲臺貳，佐大夫處理臺務。後因大夫秩崇，官不常置，中丞至中晚唐遂成御史臺臺長。〔註6〕

第三級爲三院。大夫、中丞之下，諸御史依其職務性質可分爲三院：

（一）臺　院

由侍御史六人（《舊唐書》作四人）（從六品下）組成，《新唐書》載其職掌頗爲詳細：

> 掌糾舉百寮及入閣承詔，知推、彈、雜事。……彈劾，則大夫、中丞押奏。大事，法冠、朱衣、纁裳，白紗中單；小事，常服。久次者一人知雜事，謂之雜端，殿中監察職掌、進名、遷改及令史考第，臺內事顓決，亦號臺端。次一人知公廨。次一人知彈。分京城諸司及諸州爲東、西；次一人知西推、贓贖、三司受事，號副端；次一人知東推、理匭等，有不糾舉者罰之；以殿中侍御史第一人同知東推，莅太倉出納；第二人同知西推，莅左藏出納。號四推御史。……分左右巡，糾察違失，左巡知京城內，右巡知京城外，盡雍、洛二州之境，月一代，將晦，即巡刑部、大理、東西徒坊、金吾、縣獄。蒐狩，則監圍，察斷絕失禽者。其後，以殿中掌左右巡；尋以務劇，選用京畿縣尉。〔註7〕

（二）殿　院

由殿中侍御史九人（《舊唐書》作六人）（從七品下，《唐六典》作從七品上）組成，《新唐書》載其職掌：

> 掌殿廷供奉之儀，京畿諸州兵皆隸焉。正班，列於閤門之外，糾離班、語不肅者。元日、冬至朝會，則乘馬、具服、戴黑豸升殿。巡幸，則往來門旗之內，檢校文物虧失者。一人同知東推，監太倉出納；一人同知西推，監左藏出納；二人爲廊下食使；二人分知左右巡；三人內供奉。〔註8〕

〔註6〕同註5引書同卷，同頁；《舊唐書》，卷四十四〈職官三〉，頁1862，御史中丞下註文云：「會昌二年十二月敕：『中丞爲大夫之貳，緣大夫秩崇，官不常置，中丞爲憲臺長。』」

〔註7〕見《新唐書》，卷四十八〈百官三〉，頁1237～1238。

〔註8〕同註7，頁1239。

（三）察　院

由監察御史十五人（《舊唐書》作十人）（正八品下，《舊唐書》作正八品上）組成，《新唐書》載其職掌云：

> 掌分察百寮，巡按州縣，獄訟、軍戎、祭祀、營作、太府出納皆蒞焉；知朝堂左右廂及百司綱目。凡十道巡按，以判官二人爲佐，務繁則有支使。……凡戰伐大克獲，則數俘馘、審功賞，然後奏之。屯田、鑄錢，嶺南、黔府選補，亦視功過糾察。決囚徒，則與中書舍人、金吾將軍蒞之。國忌齋，則與殿中侍御史分察寺觀。蒞宴射、習射及大祠、中祠，視不如儀者以聞。初，開元中，兼巡傳驛，至二十五年，以監察御史檢校兩京館驛。……開元十九年，以監察御史二人蒞太倉、左藏庫。三院御史，皆初領繁劇外府推事。其後以殿中侍御史上一人爲監太倉使，第二人爲監左藏庫使。〔註9〕

由前引文知，御史臺職務之繁劇，加上雜兼使職，或臨時差遣，欲其專注於本務，實不可得。

三、與御史職權有關之使職

御史爲人君耳目之寄，然欲以有限員額，查察龐大的官僚機構人員，實力有未逮，故自唐太始，常遣非御史職務之使者出巡，以補御史人力之不足。

（一）觀風俗使

唐太宗貞觀八年（634）正月，遣使巡行天下（《唐會要》云「觀風俗使」，《資治通鑑》載爲「諸道黜陟大使」），《舊唐書・太宗本紀》載：

> （貞觀八年春正月壬寅）命尚書右僕射李靖、特進蕭瑀、楊恭仁、禮部尚書王珪、御史大夫韋挺、廊州大都督府長史皇甫無逸、揚州大都督府長史李襲譽、幽州大都督府長史張亮、涼州大都督李大亮、右領軍大將軍竇誕、太子左庶子杜正倫、綿州刺史劉德威、黃門侍郎趙弘智使于四方，觀省風俗。〔註10〕

〔註 9〕同註7，頁 1239～1240。

〔註10〕見《舊唐書》，卷三，太宗本紀下，頁43；另見《唐會要》（臺北：世界書局，民國63年四版），卷七十七，觀風俗使，頁1411～1412；《資治通鑑》，卷一九四，唐紀一〇，太宗貞觀八年正月條，頁6105。《唐會要》載出使大臣之一爲竇靜，《舊唐書》本紀則爲竇誕，經查二人本傳，皆未載出使之事，不知孰是。

此行之目的，在《唐大詔令集》中載之甚詳：

> ……朕祗膺寶命，臨御帝圖，……實謂群官受拜，咸能自勵，乃聞
> 連帥刺舉，或乖共治之寄，縣司主吏，尚多黷貨之罪，有一於此，
> 責在朕躬。……宜遣大使，分行四方，申諭朕心，延問疾苦。觀風
> 俗之得失，察政刑之苛弊，耆年舊齒、考悌力田、義夫節婦之家、
> 疾廢惸嫠之室，須有旌賞賑贍，聽以倉庫物賜之。若有鴻材異等，
> 留滯末班，哲人奇士，隱淪屠釣，宜精加搜訪，進以殊禮，務盡使
> 乎之旨，俾若朕親觀焉。〔註11〕

由此詔內容知，此行任務與御史所司多所重疊，然其範圍更廣。由出巡大使
觀之，此行除韋挺為現任御史大夫外，其他均為中央及地方大員，補監察所
不及之目的甚明。雖《唐會要》中指出貞觀八年以後不置，但同質性頗高之
使職派任及出巡，仍屢見不鮮。

（二）巡察使、巡按使

《唐會要》卷七十七載貞觀十八年（644）遣十七道巡察，諫議大夫褚遂
良上書諫曰：

> 臣以為自去年九月不雨，經冬無雪。至今年二月下澤，麥苗如是小
> 可，使人今出，正是農時，普天之下，不能無事。東州追掩，西郡
> 呼集，兼復送迎使人，供擬飲食，道路遑遑，廢於田種。使人今
> 猶未發，時節如是小遲，望更過今夏，至來年正月初發遣。書曰：
> 「萬方有罪，在予一人。」國家但得四方整肅，何必要須罪罰。
>
> 〔註12〕

由褚文知遣使巡察固可了解民瘼，兼察吏治，原以憂民為目的的出使，反成
擾民的苛政。以統治者立場言，出巡有其必要，且利多於弊；以百姓言，恐
未蒙其利，先受其擾。經查《舊唐書·本紀》、〈褚遂良傳〉、《資治通鑑》均
未見貞觀十八年遣使之記載，疑太宗取消此次出巡任務。然二年後（貞觀二

〔註11〕 見《唐大詔令集》（臺北：鼎文書局，民國67年4月再版），卷一○三，政事，
按察上，遣使巡行天下詔，頁524。《資治通鑑》則約之為「察長吏賢不肖，
問民間疾苦，禮高年、賑窮乏，起久淹，俾使者所至，如朕親觀。」（卷一九
四，唐紀一○，太宗貞觀八年正月條，頁6105）前註10引《唐會要》，卷七
十七，觀風俗使下註云自貞觀八年以後不置。另《唐會要》，卷七十八，諸使
中，黜陟使，貞觀八年條所載與前卷所載係同一事。
〔註12〕 見《唐會要》，卷七十七，巡察按察巡撫等使，貞觀十八年條，頁1412。

十年），太宗遣大理卿孫伏伽等二十二人，以六條巡察四方，太宗命褚遂良彙整巡察報告，《唐會要》載太宗「親自臨決，牧宰以下，以能進擢者二十人，罪死者七人，流罪以下及免黜者數百人。」〔註 13〕太宗此次之遣使行動，可謂收穫豐盛，若其中無冤濫，遣使巡察之功效，值得肯定，無怪乎後繼者遣使出巡之命令愈來愈多，其名目亦各有千秋。

高宗儀鳳二年（677）五月，以河南河北旱，遣御史中丞崔謐等，分道存問，此次遣使之主要任務為存問災民，順便查訪政風，唯侍御史劉思立以擾民為由上書建議延後出巡，《資治通鑑》記載高宗取消此次任務，《舊唐書·高宗本紀》則載「遣使賑給」。〔註 14〕

出使次數多，則官民不堪其擾；使者未經慎擇，其效果卻適得其反，垂拱元年（685）秘書省正字陳子昂上書力陳其弊，由陳文中亦可看出派使者之另一目的──宣揚皇帝之憂勤，《唐會要》載陳子昂之書云：

> 臣伏見陛下憂勞百姓，恐不得其所，將降九道大使巡察天下諸州，兼申黜陟，以求民瘼。臣竊以為未盡善也，何以言之？陛下所以降明使，豈非欲天下黎元眾庶，知陛下夙興夜寐憂勤之念，陛下必若以此而發使乎？則愚臣竊見陛下之使又未盡也。……苟以出使為名，不求任使之實，使愈出而天下愈弊，使彌多而天下彌不寧，其故何哉？是朝廷輕其任也。……〔註 15〕

武則天以一介女流革唐之命，其遣使出巡宣揚革命，探訪異議，有其必要，故武則天掌政時期派出之使者更多、更頻繁，故有「𪚧心存撫使、睞目聖神皇」之譏〔註 16〕。使者奉旨出巡，當為皇帝深所倚重，然有使者因事繁而流於敷衍，李嶠深言其弊云：

> ……竊見垂拱二年（686），諸道巡察使科目，凡四十四件至於別作格勅令訪察者，又有三十餘條，而巡察使率是三月之後出都，十一月終奏事，時限迫促，簿書委積，晝夜奔逐，以赴期限，而每道所察文武官，多至二千餘人，少尚一千已下，皆須品量才行，褒貶得失，欲令曲盡行能，皆所不暇，此非敢惰於職而慢於官也，實才有

〔註 13〕同註 12，同書卷七十八，頁 1419 亦載同一事，但繫於黜陟使下。
〔註 14〕同註 12；《舊唐書》，卷五，高宗本紀下，頁 103；《資治通鑑》卷二○二，唐紀十八，高宗儀鳳二年四月條，頁 6383。
〔註 15〕同註 12，頁 1413。
〔註 16〕見《資治通鑑》，卷二○五，唐紀二十一，則天后長壽元年正月條，頁 6478。

限而力不及耳！……〔註17〕

儘管遣使出巡之時機不同，目的或異，其功效有差，但武則天仍不稍息。如垂拱元年（685）四月六日，遣尚書左丞狄仁傑充江南安撫使〔註18〕。垂拱四年（688）二月，以山東、河南飢乏，詔司屬卿王及善、司府卿歐陽通、多官侍郎狄仁傑巡撫賑給〔註19〕。天授元年（690）九月，令史務滋等十人分道存撫天下〔註20〕。如意元年（692）秋七月，以洛水泛溢，遣使巡問賑貸〔註21〕。萬歲通天元年（696），秋七月，命春官尚書梁王（武）三思爲安撫大使，納言姚璹爲之副〔註22〕。聖曆元年（698）十月，納言狄仁傑爲河北河朔安撫使。〔註23〕

中宗復位（705），次年（706），遣使巡察天下，唐大詔令集載其制文：

> ……古者天子巡狩，省方觀俗，而錫鑾備駕，或以爲煩。故分命輶軒，博採謠訟，以彰善癉惡，激濁揚清，散皇明以燭幽，揚仁風以被物。……宜於左右臺及內外五品已上官，識理通明，立性堅白，無所訕撓，志在澄清者二十人，分爲十道巡察使，二周年一替，以廉按州部，俾其董正群吏，觀撫兆人，議獄緩刑，扶危拯滯。若能抗詞直筆，不憚權豪，仁恕爲懷，黜陟咸當，別加獎擢，優以名器；如脂韋苟全，蓬蒢戚施，高下在心，顧望依附者，將遷削屏棄，肅以憲章，咸竭迺心，以副朕意。〔註24〕

此次派遣使者，以左右臺御史爲優先考量，其任務與目的與太宗時無異，唯二周年一替，係將定期遣使巡察州縣制度化，爲前所未見。至景龍三年（709）復「置」十道按察使，分察天下〔註25〕。前引制文之定期出使，似未成常軌。

朝中使者屢出，利弊互見，景龍末曾任江南西道按察使的張庭珪，於開

〔註17〕同註12，頁1414。
〔註18〕同註12，頁1414。
〔註19〕見《舊唐書》卷六，則天皇后本紀，頁118。
〔註20〕同註19，頁121；另《唐會要》，卷七十七，載天授二年發十道存撫使，以右肅政御史中丞知大夫事李嗣眞等爲之。此年之使與元年之使疑同一事。
〔註21〕同註19，頁122。
〔註22〕同註19，頁125。
〔註23〕見《唐會要》，卷七十七，頁1414。
〔註24〕見《唐大詔令集》，卷一○三，政事，按察上，遣十使巡察風俗制，頁525。
〔註25〕同註23，頁1415；《舊唐書》，卷七，中宗本紀，頁148載景龍三年八月壬辰，遣十使巡察天下，故《唐會要》之置，當爲遣。

元元年（713）上疏質疑遣使之功效云：

> 天下至大，郡邑至多，賢牧良宰，誠難盡得，兼下僚貪暴，小吏侵漁，黎庶不安，窮困眾矣。縱其發使廉問，暫往速還，假申今冤，卻招後患，各思鉗口，無敢率心。臣竊見國家比置十道按察使，不限年月，懲惡勸善、激濁揚清，孤窮獲安，風俗一變。伏望復下明制，重選使臣，秋冬之後，令出巡察，自然貪吏望風懲革，陛下視聽，恆遍於海內矣。〔註26〕

玄宗遂於當年九月，復置右御史臺，督察諸州，罷諸道按察使〔註27〕。唯開元二年（714）復置十道按察使〔註28〕。開元三年三月，遣使巡察〔註29〕。由是知，玄宗對地方吏治的掌控與查察，無日或忘，蓋欲矯前朝之積弊耳。使者之任務固有應特殊需要而派給，然不論按察使或巡察使之派遣則有其一貫使命——以六條察州縣，《新唐書·百官志》載：

> 凡十道巡按，以判官二人為佐，務繁則有支使。其一，察官人善惡；其二，察戶口流散，籍帳隱沒，賦役不均；其三，察農桑不勤，倉庫減耗；其四，察妖猾盜賊，不事生業，為私蠹害；其五，察德行孝悌，茂才異等，藏器晦跡，應時用者；其六，察黠吏豪宗兼并縱暴，貧弱冤苦不能自申者。〔註30〕

開元年間十道巡察使屢廢屢置，知其必有需求，其察天下州縣之任務，原係監察御史之職責，唯御史人少事繁，故朝廷常以他官任之，兼職者職務繁雜，時間迫促，其效果自不如預期。為彌補其不足，又有黜陟使，開元二十九年（741）十月二十一日以崔翹等為黜陟使。天寶五載（746）正月，以席豫等為黜陟使，巡行天下，黜陟官吏〔註31〕。由上而下的遣使巡行天下固可鎮懾地方官吏，由下而上的朝集使則能發揮互補的功效。

（三）朝集使

朝集使自隋以來即有之，《資治通鑑》載：「先是，諸州長官或上佐歲首

〔註26〕同註23，頁1415。
〔註27〕見《資治通鑑》，卷二一〇，唐紀二六，玄宗開元元年九月條，頁6687。
〔註28〕見《資治通鑑》，卷二一一，唐紀二七，玄宗開元二年二月丁卯條，頁6697；另《唐會要》，卷七十七，頁1415載，開元八年五月復置十道按察使，當誤。
〔註29〕同註26。此後巡察使數度廢置。
〔註30〕見《新唐書》，卷四十八，百官三，御史臺，頁1240。
〔註31〕見《唐會要》，卷七十八，黜陟使，頁1419。

親奉貢物入京師，謂之朝集使，亦謂之考使。」〔註32〕揆其原始任務，係以貢方物爲主，因其年年上貢，又必集於首都，經君主巧妙運用，遂轉化成另種耳目，以補監察、按察、巡察之所不及。《唐大詔令集》中收錄處分朝集使敕十三道，由其內容可知其職務的轉變。其第一道敕載：

> ……朕自臨萬邦，倏已三載，何嘗不兢兢業業，勵精政道，思欲棄末敦本，阜俗安人，……頃雖臨遣使臣，未能澄正此弊，或刻以害物，或擾以妨農，或背公向私，或全身養望，至使錢穀不入，杼軸其空，捐瘠相仍，流庸莫返……卿等至州，遞相勗勵，勤卹孤弱，勸率耕桑，各效清勤，無或隳惰。（開元三年三月十五日）〔註33〕

此敕之意蓋指雖遣使出巡，未能發揮效果，不如朝集使之常駐地方收效來的大。

其第三道載：

> ……今之牧守古之諸侯，……以朕憂勞之心，託卿勤恤之助，卿等宜慎厥始，成厥終，往欽哉！祇守爾典，操一州之統，分六條之察，念茲在茲，用光我班瑞之命，有賞有罰，朕無戲言，並即好去。（開元七年三月十一日）〔註34〕

原監察御史以六條察州縣之職責，亦現於此敕中，可見監察人力之不足，亦可見玄宗對地方吏治之掌控不遺餘力，然以州長官或上佐兼朝集使，以六條察州縣，行政與監察權同掌一人之手，難保沒有濫權之情事。處分朝集使敕第五道載：

> ……而朝集使豫州刺史裴綱，分典荊豫，爲政煩苛，頃歲不登，合議蠲復，部人有數，便致科繩，縣長爲言，仍遭留繫，御史推按，遽以實聞，虐政弊人，一至於此。……（開元八年二月十九日）〔註35〕

由是知行政權兼監察權之弊，故其正本清源之道，宜增加監察之名額，定期定時巡察天下，庶可收弊絕風清之效。

朝集使之章奏，爲地方訊息之部分來源，其內容多少會影響中央決策，繼開元八年二月十九日敕，同年三月十一日玄宗再發敕，對朝集使之章奏，

〔註32〕見《資治通鑑》，卷一九七，唐紀十三，太宗貞觀十七年九月條，頁6205。
〔註33〕見《唐大詔令集》，卷一○三，政事，按察上，處分朝集使敕八道之一，頁525。
〔註34〕同註33引書，同卷，處分朝集使敕八道之三，頁525～526。
〔註35〕同註33引書，同卷，處分朝集使敕八道之五，頁526。

持懷疑的態度，處分朝集使敕第六道載：

> ……朕以虛薄，屬當期運，受命穹昊，司牧黎元，……于茲八年矣。
> 而淳流未還，至道猶鬱，豈朕之不德邪，將吏之不賢耶？徭賦或繁
> 耶？綱維或紊耶？故延入階陛，躬問得失，悉如卿所對，則朕無憂
> 矣。……卿等宜祗典厥職，克正其身，修于國章，允茲朝寄。……
> 如或依勢作威，倚法以削，流之未至，教令不行，加以常罰，自餘
> 宜依別勅處分。……（開元八年三月十一日）〔註36〕

是故地方政風良窳，終須委任御史嚴加巡察，始克有功。處分朝集使敕第八
道載：

> ……諸州遭潦之處，多是政理無方，或堤堰不修，或溝渠未浚，頻
> 已處分，竟無承稟，常破租庸，是何撿校？至州之日，各宜勸勉。……
> 今令御史分知訖，宜勵所職，勿犯常科，……（開元十年二月二十
> 七日）〔註37〕

開元十六年十二月二十七日之處分朝集使敕中有云：

> ……卿等咸承朝寄，分掌外臺，共理之道，期於康濟，至若率身以
> 正，馭眾以仁，而下不化者，未之有也。……卿等各宜恭守朝章，
> 宣布朕意。……〔註38〕

此敕中之「外臺」頗值，似有將地方首長兼監察職務之臨時任務制度化之意
思。有關外臺之資料，《新唐書・百官志》載：「至德後，諸道使府參佐，皆
以御史為之，謂之外臺。」〔註39〕另《唐語林》則載：

> 開元已前，諸節制並無憲官。自張守珪為幽州節度，加御史大夫，
> 幕府始帶憲官，由是方面咸權益重，遊宦之士，至以朝廷為閑地，
> 謂幕府為要津。遷騰倏忽，坐至郎省，彈劾之職，遂不復舉。〔註40〕

張守珪兼御史大夫在開元二十二年（735），開元十六年（729）之敕，似已點
出制度之轉變以漸不以驟，監察與行政之職權遂混淆，然究非常軌！

（四）黜陟使

黜陟使係為訪察天下官員有無違法犯紀或怠忽職守而遣，其訪察項目固

〔註36〕同註33引書，同卷，處分朝集使敕八道之六，頁526。
〔註37〕同註33引書，同卷，處分朝集使敕八道之八，頁527。
〔註38〕見《唐大詔令集》，卷一○四，政事，按察下，處分朝集使敕五道之一，頁529。
〔註39〕見《新唐書》，卷四十八，百官三，御史臺，頁1237。
〔註40〕見《唐語林校證》，卷八，補遺，頁693。

與巡按使無異，其重點則在黜陟。開元二十九年（741）十月遣崔翹等人黜陟官吏，《唐大詔令集》載：

> ……而宇宙之間，官吏至多，儻有政失其宜，即萬人受弊，……卿等所到之州，宜宣朕意，其百姓間事，或有須釐革者，宜與所管商量處置，回日聞奏，其官吏中貪冒贓私，及犯名教或衰老疾病，或無政理者，刺史已下，宜停務奏聞，……卿等既當巡按，委寄非輕，宜勉爾良圖，以副朝選……〔註41〕

天寶五載（746）正月派席建侯等巡行諸道，其敕云：「……其百姓之間，及官吏之輩，如事或未該，須有釐革者，仍委量事處分，迴日奏聞。……」〔註42〕由此敕知黜陟使出巡在相當的範圍內可以便宜行事，以收時效。同年十月玄宗即有處分楊懋等詔頒下，《唐大詔令集》載：

> ……近日分遣使臣，因之巡察，善惡之驗，事足可明，懲勸之端，言斯可復。其楊懋等七人，黜陟使並奏清狀，宜與改轉，其所舉六品已下，付所司準此處分，五品已上各賜一上下考，李連等七人，既奏善狀，至選日各減三兩選，仍稍優與處分，所舉主並賜一中上考；趙澄等六人，俱犯贓私，罪法科斷，其舉主，各量犯者罪狀輕重貶黜，仍宣示中外，咸使聞知。〔註43〕

由上引文知，黜陟使功能及目的與巡察使、巡按無異，以至在敕文中，雜見黜陟與巡按。然不論其名目為何，人君對其結果必須要有實際之處分，方能收勸善懲惡之效，否則流於形式，徒增民怨而已。

（五）館驛使

監館驛原為御史職務之一，《唐會要》卷六十一載：

> 開元十六年（728）七月十九日勅：巡傳驛，宜因御史出使，便令校察。至二十五年（737）五月監察御史鄭審，檢校兩京館驛，猶未稱使，……乾元元年（758）三月，度支郎中第五琦，充諸道館驛使。大曆五年（770）九月，杜濟除京兆尹，充本府館驛使，自後京兆常帶使，至建中元年（780）停。大曆十四年（779）九月，門下省奏，兩京請委御史臺，各定知驛使御史一人，往來句當，遂稱館驛使。

〔註41〕 同註38引書，同卷，遣使黜陟諸道敕，頁532。
〔註42〕 同註41，頁533。
〔註43〕 同註41，黜陟楊懋等詔，頁533。

謹按六典及御史臺記并雜注，即並不言臺中有館驛使。〔註44〕
《新唐書‧百官志》中所載亦略同，唯館驛使自元和時改以中人為之，《唐會要》卷六十一載：

> （元和）十二年（817）十二月，復以中官為館驛使，六典之制，以監察第二御史主郵驛。元和初，常以中官曹進玉為使，恃恩暴戾，遇四方使多倨詰之或至捽辱者，內外屢以為言，宰臣李吉甫等論罷之，至是復置。〔註45〕

唐代交通發達，館驛多，各級文武官員來往頻繁，確須加強管理以防糾紛及弊端，開元中始以監察御史兼任，元和後以中官領之，館驛之事，終至不可問。即中官不介入館驛，御史亦無餘力矣。

（六）覆囚使

在唐的制度之下御史本就有與中書、門下、刑部、大理共理獄訟之職責，《唐會要》載：「開元十年（722）十月，宇文融除殿中侍御史，充覆囚使。」〔註46〕「（太和四年（831））五月勅；置疏決囚徒使，以清強御史二人為之，應京城諸司見禁囚徒，宜令疏決處分，具輕重聞奏。」〔註47〕《新唐書‧百官志》亦載：「決囚徒，（監察御史）則與中書舍人、金吾將軍蒞之。」〔註48〕覆囚使雖臨時差遣，亦足以影響監察本務。

（七）理匭使

武后垂拱二年（686），採魚保宗之議，鑄四銅匭以受四方之書，《新唐書》載：「以諫議大夫、補闕、拾遺一人充使，知匭事；御史中丞、侍御史一人，為理匭使。其後，同為一匭。天寶九載（750）；玄宗以『匭』聲近『鬼』，改理匭使為獻納使，至德元年（756）復舊。寶應元年（762），命中書門下擇正直清白官一人知匭，以給事中、中書舍人為理匭使。建中二年（781），以御史中丞為理匭使，諫議大夫一人為知匭使。」〔註49〕理、知匭使之設係出於武則天之獎勵告密政策，是時監察及諫議系統急速擴大，遂成君王另一耳目，

〔註44〕見《唐會要》，卷六十一，御史臺中，館驛，頁1059。
〔註45〕同註44，頁1063。
〔註46〕見《唐會要》，卷七十八，諸使雜錄上，頁1437。
〔註47〕見《唐會要》，卷七十九，諸使雜錄下，頁1438。
〔註48〕見《新唐書》，卷四十八，百官三，御史臺，頁1240。
〔註49〕見《新唐書》，卷四十七，百官二，門下省，頁1206～1207。

故後雖有變革，仍未廢止，直至唐末。

（八）其他使職

曠騎使：《唐會要》載：「乾元二年（759）七月九日敕，宜令御史大夫充曠騎使，令御史充判官。」〔註50〕其任務不詳。

選補使：《新唐書・選舉志》載，「高宗上元二年（675），以嶺南五管、黔中都督府得即任土人，而官或非其才，乃遣郎官、御史爲選補使，謂之『南選』。其後江南、淮南、福建大抵因歲水旱，皆遣選補使即選其人。而廢置不常，選法又不著，故不復詳焉。」〔註51〕

監祭使：《新唐書・百官志》載：「興元元年（784），以（監察御史）第一人察吏部、禮部，兼監祭使。……」〔註52〕

監太倉、監左藏庫使：《新唐書・百官志》載：「開元十九年（731），以監察御史二人莅太倉、左藏庫。……其後，以殿中侍御史上一人爲監太倉使，第二人爲監左藏庫使。」〔註53〕

廊下食使：《新唐書・百官志》載：「（殿中侍御史）二人爲廊下食使。」〔註54〕

東都畿汝觀察處置使：《唐會要》載：「（大曆）十四年（779）七月，以吏部郎中房宗偓爲御史中丞，仍東都留臺，充東都畿汝觀察處置使。建中二年（781）六月，以檢校秘書少監，永平節度副使鄭叔則，爲御史中丞，東都留臺，充東都畿汝觀察處置使。」〔註55〕

京畿採訪處置使：《唐會要》載：「開元二十二年（733）三月，置京畿採訪處置使，以（御史）中丞爲之，自是不改。」〔註56〕

前述與御史有關之使職，或因臨時任務需要而設，或係監察體系之原有職務，隨時勢變遷，諸使廢置無常，遂無法得其詳情，殊爲可惜。唯可理解者，臨時差遣之職務愈多，御史的原始功能相對降低。

〔註50〕同註46，頁1439。
〔註51〕見《新唐書》，卷四十五，選舉下，頁1180。
〔註52〕同註48。
〔註53〕同註48。
〔註54〕同註8。
〔註55〕見《唐會要》，卷六十，東都留臺，頁1048-1049。
〔註56〕見《唐會要》，卷六十，御史中丞，頁1050-1051。

四、結　論

　　御史之設，以端正朝綱，澄清吏治爲目的。政風良窳，關係一代興衰；民心向背，決定一朝治亂，水能載舟，亦能覆舟，故歷來英明統治者莫不戒慎恐懼。然以一人之耳目，盡察天下官僚，實力有未逮，御史制度恰可彌補此缺憾。

　　唐代御史官階不高，御史臺之編制亦不大，但御史位卑權重，地望清高，受命之日，同僚欽羨。且唐代前期以御史大夫入相者頗多，因此唐人習慣以副相視大夫，甚且以「八品宰相」視監察御史。御史位望崇隆，爲君主耳目之所寄，唯其編制員額與全國龐大的官僚數目相較，實不成比例，以《新唐書·百官志》所載三院御史之職務，顯然十分沉重，再加上御史雜兼使職，其疏於本務勢所難免，御史臺固有此警覺，但難力挽狂瀾〔註57〕，御史之功能大爲減損。

　　唐代制度上御史所兼使職名目繁多，各使依任務需要而設，時間先後有別，廢置亦無常，其成效不能一概而論，倘御史出使能如韋思謙所言：「不能動搖山岳，震懾州縣，誠曠職耳。」〔註58〕則紀綱自肅，弊絕風清。然唐代御史兼使職太多，負擔太重，出使漸成例行公事。另一方面，由中央派出之巡察使、巡按使、觀風俗使、黜陟使等所察項目與御史同，其成員中御史占極少數，造成職權的混淆，亦相對降低了御史的威望。故正本清源之道，當爲擴大御史臺編制，回歸本務，御史之功能方能徹底發揮。

〔註57〕《唐會要》，卷六十，御史臺，頁1046載：「大中元年四月御史臺奏：『伏以御史臺臨制百司，糾繩不法，若事簡則風憲自肅，事煩則綱紀轉輕。至如婚田兩競，息利交關，凡所陳論，皆合先陳府縣，如屬諸軍使，亦合於本司披論，近日多便詣臺論訴，煩褻既甚，爲弊頗深。自今已後，伏請應有論理公私債負及婚田兩競，且令於本司本州府論理，不得即詣臺論訴。……』勅旨，依奏。」

〔註58〕見《唐會要》，卷六十二，御史臺，出使，頁1083。

附錄二：唐代前期州縣穀類租賦繳收程序初探[※]

一、前　言

　　唐代賦稅制度可以德宗建中元年（780）爲界，分爲前後兩期。前期實行租庸調法；後期實施兩稅法。《唐六典》卷三載租庸調法云：

> 凡賦役之制有四：一曰租、二曰調、三曰役、四曰雜徭。課戶每丁租粟二石，其調隨鄉土所產綾、絹、絁各二丈，布加五分之一；輸綾、絹、絁者，綿三兩；輸布者，麻三斤，皆書印焉。凡丁歲役二旬，無事則收其庸，每日三尺；有事而加役者，旬有五日免其調，三旬租調俱免。

原本租庸調制和均田制是配合實施的，田有租、戶有調、丁有庸，是一項公平合理的設計。隨著政治社會環境的變化，制度也隨之產生實質的變化。《新唐書》卷五十二〈食貨二〉云：

> 租庸調之法，以人丁爲本。自開元以後，天下戶籍久不更造，丁口轉死，田畝賣易，貧富升降不實。其後國家侈費無節，而大盜起，兵興，財用益屈，而租庸調法弊壞。

是知租庸調制之破壞不始於建中元年，亦不始於安史之亂。

　　中國歷代史書記載制度，多半列其骨架，究其運作情形往往闕如。今試以唐代前期（618～755）爲斷限，以州縣爲範圍，將有關史料作綜合研究，藉以覘當時租稅制度中穀類租賦一項之權責單位、負責人、徵收技術、運送

※　本文曾刊載在《簡牘學報》第 13 期，1990 年 3 月。

方式及收貯情形。

二、租賦徵收的權責單位與負責人

　　唐代地方行政區劃，要言之，為州、縣二級制。以開元中之區劃言，州有輔、雄、望、邊、上、中、下之別；縣有京、畿、望、上、中、中下、下之分。縣下有鄉、里、保、鄰等基層組織〔註1〕。根據史料的記載，唐代的里正是居於官僚集團與百姓間的中間人地位。唐制以百戶為里，里置里正一人，其職「掌按比戶口、課植農桑、按察非違、催驅賦役。」〔註2〕里正的人選由「縣司選勳官六品以下；白丁，清平強幹者充。」〔註3〕唐代規定里正享有免課役的優待〔註4〕，若有虧職守，則須受處分〔註5〕。在正常情況下，擔任里正的人，大都是地方上具有影響力者。而地方官一則因迴避的原則，一則極少躬親吏事，每新到任勢必與地方上豪強相結合，在唐律疏議中，戶婚律部分，常見里正與州縣長官、僚佐並舉，其重要性可知〔註6〕。里除里正之外，另有手實與計帳，手實在歲末負責向鄉呈報人民年齡戶口與土地版籍；計帳則呈報次年應徵收的租賦與力役。〔註7〕

　　在唐代地方基層組織上，鄉的地位很特殊，關於鄉的資料極少，《通典》卷三十三〈職官〉十五載：

> 大唐凡百戶為一里，里置里正一人，五里為一鄉，鄉置耆老一人，
> 以耆年平謹者縣補之，亦曰父老，貞觀九年每鄉置長一人，佐二人，
> 至十五年省。

由上知，唐代鄉的地位不甚重要，耆老之職權亦不如里正大，此由唐律疏議中屢見里正與州縣官司並舉可知。〔註8〕

〔註1〕　參見唐玄宗敕撰，《大唐六典》（台北：文海出版社出版，民國63年6月四版），卷三，尚書戶部，頁63～65。

〔註2〕　杜佑，《通典》（台北：新興書局景印清乾隆殿本，民國52年10月新一版），卷三〈食貨三〉，鄉黨，頁23。

〔註3〕　同前註。

〔註4〕　同前註。

〔註5〕　長孫無忌等，《唐律疏議》（台北：弘文館出版社出版，民國75年3月初版），卷十二，戶婚，第一五○～一五三條，頁231～235。

〔註6〕　同註5，頁231～253。

〔註7〕　宋祁、歐陽修，《新唐書》（台北：鼎文書局出版，民國70年1月三版），卷五十一〈食貨一〉，頁1343。

〔註8〕　長孫無忌等，《唐律疏議》卷十二、十三，第一五一～一五三條、第一六八～

　　鄉之上為縣，縣置縣令，名義上，縣令總統縣的一切事務，負行政責任，其下有僚屬若干，負責執行，亦負連帶責任〔註9〕。其中與租稅之徵收有關者為司倉與司戶。司倉掌租賦徵收、義倉、常平倉；司戶掌戶籍計帳、田疇六畜。司倉、司戶各統所屬若干人，負責實際業務之運作。今按縣之等次，表列之，以助說明。

表一：縣級租賦徵收的負責人

縣等級	司　倉	司　戶	其　他	參考史料
京　縣	佐四人 史八人	佐五人 史十人		《大唐六典》、《舊唐書》
畿　縣	佐四人 史七人	佐四人 史七人 帳史一人 佐四人	倉督二人	《大唐六典》、《舊唐書》
上　縣		史七人 帳史一人 佐三人	倉督一人	《大唐六典》、《舊唐書》
中　縣		史五人 帳史一人 佐二人		《大唐六典》、《舊唐書》
中下縣		史三人 帳史一人 佐二人		《大唐六典》、《舊唐書》
下　縣		史四人 帳史一人		《大唐六典》、《舊唐書》

　　縣統於州，州長官為刺史，其權責遠較縣令為大，所轄事項更繁，相對的，刺史的僚屬也就更多，品秩均較縣的屬吏為高。其與租賦徵收關係密切者為倉曹與戶曹。《唐六典》卷三十載其職掌云：

> 戶曹、司戶參軍掌戶籍計帳、道路、逆旅、田疇、六畜、過所、蠲
> 符之事，而剖斷人之訴競，凡男女婚姻之合，必辨其族姓以舉其違；
> 凡井田利害之宜，必止其爭訟以從其順；凡官人不得於部內請射田
> 地，及造碾磑與人爭利。

一七一條。

〔註 9〕參見《大唐六典》，卷三十，頁 518；《唐律疏議》，卷十二、十三。

倉曹、司倉參軍掌公廨、度量、庖廚、倉庫、租賦、徵收、田園、市
肆之事，每歲據青苗徵稅，畝別二升以爲義倉，以備凶年。將爲賑貸，
先申尚書，待報然後分給。又歲豐則出錢加時價而糴之，不熟則出粟
減價而糶之，謂之常平倉，與正、義倉帳，具本利申尚書省。

是知戶曹、倉曹爲州之徵稅業務的實際負責人，因其屬吏人數並不比縣多，
其職恐爲縣司戶、司倉業務之綜合者。現表列其屬吏以說明之。

表二：州級租賦徵收的負責人

州等級	倉　　曹	戶　　曹	其　他	參考史料
上　州	參軍事一人（從七品下） 佐三人 史六人	參軍事二人（《舊唐書》作一人）（從七品下） 佐三人 史七人 帳史一人	倉督二人	《大唐六典》、《舊唐書》
中　州	參軍事一人（正八品下） 佐三人 史四人	參軍事一人（正八品下） 佐三人 史五人 帳史一人	倉督二人	《大唐六典》、《舊唐書》
下　州	參軍事一人（從八品下） 佐二人 史四人	參軍事一人（從八品下） 佐三人 史五人 帳史一人	倉督一人	《大唐六典》、《舊唐書》

　　州之上爲尚書省，尚書六部於天下大政無所不綜，然尚書六部係屬政務
機關，九寺諸監始爲事務機關〔註10〕。天下租賦運至京師後，由司農寺、太
府寺負責收納與支用事宜。《唐六典》卷十九載司農寺職務云：

司農卿之職，掌邦國倉儲委積之政令（《太平御覽》引《六典》作委
積之事，《舊唐書》亦同），總上林、太倉、鉤盾、導官四署與諸監
之官署，謹其出納而備其職務，少卿爲之貳。凡京都百司官吏祿廩
皆仰給焉。……丞掌判寺事。凡天下租稅及折造轉運于京都，皆閱
而納之，……凡受租皆於輸場，對倉官、租綱吏人執籌數函，其函
大五斛、次三斛、小一斛，……。

《唐六典》卷二十載太府寺職務云：

〔註10〕參見嚴耕望，〈論唐代尚書省之職權與地位〉，收入氏著《唐史研究叢稿》（香
港：新亞研究所出版，民國58年10月初版），頁1～101。

太府卿之職，掌邦國財貨之政令（《太平御覽》引《六典》作賦貨之
事），總京都四市、平準、左右藏、常平八署之官屬，舉其綱目，修
其職務，少卿爲之貳。……左藏令，掌邦國庫藏之事，丞爲之貳。
凡天下賦調先於輸場簡其合尺度斤兩者，卿及御史監閱，然後納于
庫藏，皆題以州縣年月，所以別粗良、辨新舊也。……

是皆負責實際之業務者。

據《唐律疏議》卷十三第一六九條載：「諸部內有旱澇霜雹蟲蝗爲害之處，
主司應言而不言及妄者，杖七十。」其所言主司，謂里正以上。「里正須言
於縣，縣申州，州申省，多者奏聞。」〔註11〕再據《唐六典》所云：

凡男女始生爲黃，四歲爲小，十六爲中，二十有一爲丁，六十爲老，
每一歲一造計帳，三年一造戶籍，縣以籍成于州，州成于省，戶部
總而領焉。凡天下之戶，量其資產定爲九等。（注：每三年縣司注定，
州司覆之，然後注籍而申之于省。）

可得知唐代前期租賦徵收的權責機關與負責人。今試作簡圖如次，明其承轉
關係。

租賦徵收之權責機構圖

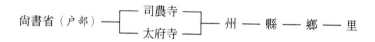

尚書省（戶部）——┬─司農寺─┬── 州 ── 縣 ── 鄉 ── 里
　　　　　　　　　└─太府寺─┘

註：鄉的地位在租稅徵收上似不重要，已如前述。

租賦徵收之負責人

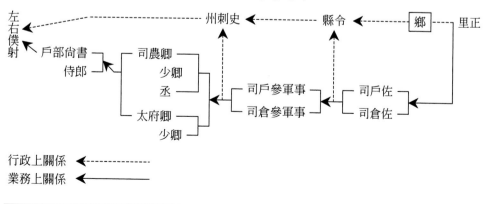

行政上關係　◄----------
業務上關係　◄——————

〔註11〕參見《唐律疏議》，卷十三，戶婚，第一六九條，頁247。

三、租賦徵收的方式、運送與收貯

　　唐代前期租賦徵收方式，為政府把今年預備徵收的數額，書寫於縣門、村坊，公告週知〔註12〕。穀類租賦因各地收穫時間早晚不同而做彈性規定〔註13〕，催燉賦稅的事由里正負責。人民按時將租穀送交於縣倉或州倉，再由州負責解送中央，最晚到次年五月三十日納完。〔註14〕

　　先論里正，里正責重事繁，若有違失，處分不輕。根據當時規定，里正只享免課役優待，以常情論，擔任里正是件苦差事。然里正人選往往出自地方豪強，而戶籍、帳冊率由里正填造，其間是否有勾結舞弊情事發生，未可斷言。雖然唐律對里正違法的處分規定得很嚴，但執行是否徹底，殆未可知。里正職在催驅賦稅，若遇荒年，稅收無著，免稅恩澤又未必能及時普及於一般災民，里正如何處理，史無明載，依常理推斷，里正不大可能替里民繳稅。里正因職務上的關係，與縣衙頗有往來，刻剝百姓以求業績的情形恐不能避免。白居易詩〈杜陵叟〉云：

> 杜陵叟杜陵居，歲種薄田一頃餘。三月無雨旱風起，麥苗不秀多黃死。九月降霜秋草寒，禾穗未熟皆青乾。長吏明知不申破，急斂暴徵求考課。典桑賣地納官租，明年衣食將何如。剝我身上帛，奪我口中粟。虐人害物即豺狼，何必鉤爪鋸牙食人肉。不知何人奏皇帝，帝心惻隱知其弊。白麻紙上書德音，京畿盡放今年稅。昨日里胥方到門，手持尺牒牓鄉村。十家租稅九家畢，虛受吾君蠲免恩。
> 〔註15〕

白居易詩〈重賦〉云：

> 厚地植桑麻，所要濟生民。生民理布帛，所求活一身。身外充征賦，上以奉君親。國家定兩稅，本意在愛人。厥初防其淫，明敕內外臣。稅外加一物，皆以枉法論。奈何歲月久，貪吏得因循。浚我以求寵，斂索無冬春。織絹未成匹，繰絲未盈斤。里胥迫我納，不許暫逡巡。歲暮天地閉，陰風生破村。夜深煙火盡，霰雪白紛紛。幼者形不蔽，老者體無溫。悲喘與寒氣，併入鼻中辛。昨日輸殘稅，因窺官庫門。

〔註12〕同註7。
〔註13〕參見《大唐六典》，卷三，尚書戶部，頁68。
〔註14〕參見《通典》，卷六〈食貨六〉，賦稅下，頁33。
〔註15〕見錢謙益、季振宜輯，《全唐詩稿本》（台北：聯經出版事業公司據國立中央圖書館藏清稿本影印，民國68年9月），第三十九冊，頁151。

> 繒帛如山積，絲絮似雲屯。號爲羨餘物，隨月獻至尊。奪我身上暖，
> 買爾眼前恩。進入瓊林庫，歲久化爲塵。〔註16〕

白居易詩〈納粟〉云：

> 有吏夜扣門，高聲催納粟。家人不待曉，場上張燈燭。揚簸淨如珠，
> 一車三十斛，猶憂納不中，鞭責及僮僕。……〔註17〕

以上所舉三首詩，雖述中唐時事，推之安史亂前，恐亦無甚差別，尤以玄宗
起用了一批聚斂之臣後爲然。

實物租賦的品質要求，不容易達到一定的標準，這點正是里胥可以上下
其手的地方。《唐會要》卷八十三載開元八年正月二十日敕謂：

> 頃者，以庸調無憑，好惡須準。故遣作樣，以頒諸州，令其好不得
> 過精，惡不得至濫，任土作貢，防源斯在。……〔註18〕

知，自開元八年庸調品質始有其一定標準與上下限。穀類當亦有一定之標準，
證諸白居易〈納粟〉詩中之「揚簸淨如珠」句，里胥寧願將標準定得最高，
而不願因爲品質不良而自找麻煩。

租稅之繳交有一定期限，《通典》卷六載：

> 諸庸調物，每年八月上旬起輸，三十日內畢，九月上旬各發本州。……
> 諸租准州土收穫早晚，斟量路程嶮易、遠近，次第分配本州收穫訖
> 發遣，十一月起輸，正月三十日內納畢。（注：若江南諸州從水路運
> 送，冬月水淺，上埭艱難者，四月以後運送，五月三十日內納完。）
> 其輸本州者十二月三十日內納畢。若無粟之鄉，輸稻麥，隨熟即輸，
> 不拘此限。〔註19〕

人民按時前往所在州縣倉繳交。依規定，每丁納粟二石，且在收穫之後，
以一人之力，在正常情況下，送繳州縣倉當可辦到。但每人來回奔波，形
成人力浪費，而且安全堪虞，於是代運租賦的行業應運而生。其運費則根據
所運物品之輕重、貴賤，路途之平易、險澀而各有不同〔註20〕。路途愈遠運
費愈高，租賦繳納有分繳州與繳縣，州的範圍大，路途遠、運費高，繳縣

〔註16〕同前註引書，同冊，秦中吟十首之二，頁 75。
〔註17〕同前註引書，同冊，頁 57。
〔註18〕王溥，《唐會要》（台北：世界書局印行，民國 71 年 12 月四版），卷八十三〈租
稅上〉，頁 1532～1533。
〔註19〕《通典》，卷六〈食貨六〉，賦稅下，頁 33。
〔註20〕參見《大唐六典》，卷三，頁 73。

的情形正好相反，但這種好處卻爲當地權要富豪所獨佔，形成不公平的稅負。〔註21〕

租入州倉，除留本州開支外，一律繳送中央。其運費仍由百姓負擔，至「民間傳言用斗錢運斗米」者〔註22〕。其運送方式以水、陸運爲主，皆準程式而節其遲速〔註23〕。其中以水運運量大，運費低廉，而居舉足輕重的地位。唐自高宗時起，關中糧食已嫌不足，玄宗時輸江淮入關中，歲以百萬石計，漕運成爲國家大事，人民亦因而罹其弊。〔註24〕

江淮租賦運抵洛陽以後，還要經歷八百多里的路程，才能到達長安，在這綿長的路上，洛陽陝州間三百里的運輸最爲困難。唐初因爲船隻航經三門底柱的險灘（在今河南陝縣北黃河中）時常發生覆溺的慘劇，於是這兩地間的運輸多不經黃河，改走陸路，用大車或馬來運送。陸路運費非常昂貴，計由洛陽運米至陝，每石花錢一千文〔註25〕。這一大筆運費也由人民負擔，「每丁支出錢百文，充陝洛運腳，五十文充營窖等用。」〔註26〕到了開元初年，河南伊李傑爲陸運使，曾經改善這段路的運輸，他「從（洛陽）含嘉倉至（陝州）太原倉，置八遞場，相去每長四十里。每歲冬初起運八十萬石，後至一百萬石。每遞用車八百乘，分爲前後交，兩月而畢。其後漸加。」〔註27〕經李傑改良運輸方法後，運量固然較前增加，運費卻沒有跟著減少，人民的勞費還是不能免除〔註28〕。至開元二十一年，裴耀卿施行轉搬法，運費以省，國用以足。〔註29〕

租賦運至長安後，由司農丞與左藏令丞負責收納貯藏事宜。司農丞於天下租賦運到後，與倉官、負責運送者核對數量，並收納送到的租賦〔註30〕。左藏令、丞則在太府卿與御史的監視下，簡閱天下賦調品質，然後納於庫藏，

〔註21〕 參見《唐會要》，卷八十四〈租稅下〉，大中二年正月條，頁1544。
〔註22〕 參見《新唐書》，卷五十三〈食貨三〉，頁1365～1367；《舊唐書》，卷四十九〈食貨下〉，頁2123。
〔註23〕 參見《大唐六典》，卷三，頁72。
〔註24〕 同註22。
〔註25〕 參見《舊唐書》，卷四十九〈食貨下〉，頁2116。
〔註26〕 參見《通典》，卷十〈食貨十〉，頁57。
〔註27〕 同前註。
〔註28〕 參見全漢昇，〈唐宋帝國與運河〉，收入氏著《中國經濟史研究》上冊（香港：新亞研究所出版，1976年3月），頁286。
〔註29〕 參見《舊唐書》，卷四十九〈食貨下〉，頁2114～2116。
〔註30〕 參見《大唐六典》，卷十九〈司農寺〉，頁360。

並題上送繳州縣及年月，以便別粗良、辨新舊〔註31〕。司農卿、太府卿將承辦業務的結果上覆於尚書戶部，國家租賦徵收大事於焉告成。

四、結　語

官吏的薪俸是推動官僚機構運轉的重要原動力之一，實物薪俸在唐代的官俸中佔很大比例。唐代前期實物租賦中，尤以穀類為大宗，因此，穀類租賦的徵收、運送與收貯，成為國家大政。其詳細情形已如前述。在此欲指出的是，開元盛世，其農民生活恐不如史書所言之美也。

〔註31〕參見《大唐六典》，卷二十〈太府寺〉，頁375。